A Corazón Abierto
(Será publicado en inglés con el título: An Open Heart)

Caleb Josué Clark
acorazonabierto92@gmail.com

A Corazón Abierto

Caleb Josué Clark

WESTBOW
PRESS®
A DIVISION OF THOMAS NELSON
& ZONDERVAN

A menos que se indique lo contrario, todas las citas bíblicas han sido tomada de la versión Reina-Valera 1960 (RVR1960), © Sociedades Bíblicas en América Latina, 1960. Renovado © Sociedades Bíblicas Unidas, 1988.

Las citas bíblicas marcadas (DHH) son tomadas de Dios habla hoy *, © Sociedades Bíblicas Unidas, 1966, 1970, 1979, 1983, 1996.

Diseño: Emanuel N. Nevárez Photo + Design

Puede hacer pedidos de libros de WestBow Press en librerías o poniéndose en contacto con:

WestBow Press
A Division of Thomas Nelson & Zondervan
1663 Liberty Drive
Bloomington, IN 47403
www.westbowpress.com
844-714-3454

ISBN: 978-1-9736-3663-2 (tapa blanda)
ISBN: 978-1-9736-3662-5 (libro electrónico)

Información sobre impresión disponible en la última página.

Fecha de revisión de WestBow Press: 11/21/2018

ᴅedicación

Muchas veces he pensado en que no sabría a quién dedicar este libro. Pero en el tiempo que tengo donde en ocasiones leo un versículo de la Biblia y lo memorizo es porque trae un impacto en ese momento a mi vida, y este versículo en su tiempo impactó mi vida y siento que en este momento el versículo encaja correctamente en este libro *"Y todo lo que hacéis, sea de palabra o, de hecho, hacedlo todo en el nombre del Señor Jesús, dando gracias a Dios Padre por medio de él"*. (Colosenses 3:17~RVR1960). *"Porque en él fueron creadas todas las cosas, las que hay en los cielos y las que hay en la tierra, visibles e invisibles; sean tronos, sean dominios, sean principados, sean potestades; todo fue creado por medio de él y para él"*. (Colosenses 1:16~RVR1960). Para él sea toda la gloria, honra, y el honor. Pues sé y reconozco que sin él nada soy, nada tengo, y nada puedo ofrecer.

Primero antes de decir nombres o mencionar a alguien, este libro le pertenece a Dios. Estando en Louisiana, una noche en agosto del 2016 a las 3:00 a.m., yo oraba porque no me dejaba dormir el Espíritu Santo. Llegó un momento donde le dije: "OK, enséñame que tengo que hacer, y así poder descansar. Fuerte sentí una paz y un silencioso y dulce abrazo en mi espíritu. Y una voz en mi interior que me dijo: "Escribe un libro de lo que Yo estoy haciendo en tu vida". En ese momento entendí lo que Dios quería que yo hiciera. Le respondí: "Si tú me lo pides y es lo que tú deseas yo lo hago". Al día siguiente empecé a escribir. Cuando regresé a Tucson, Arizona fui a una cita en un hospital y cuando entraba a la sala de espera del hospital vi a tres jóvenes en sillas de ruedas y vi cómo tenían que ser atendidos por sus padres para todo. No hablaban, no caminaban, no se movían. Solo miraban y sonreían y yo los miré y entró en mi un sentimiento muy fuerte y sentía ganas de llorar. En ese momento escuché una voz en mi interior que me decía: ¿"Ves por qué necesitas contar lo que Yo estoy haciendo en ti? Porque tú estuvieras en esa situación, pero Yo estoy haciendo un milagro en ti. Y al tú testificar lo que Yo estoy haciendo en ti, Yo me encargo de hacer el milagro en aquellos que necesitan un milagro y crean en mí". En ese momento quise llorar, no de tristeza ni de dolor, sino llorar de alegría y emoción. En ese momento yo mismo empecé a entender cuál era la causa, motivo, razón y/o circunstancia por la cual Dios me empujaba a hacer esto. Por eso que, primeramente, este libro es para él. Y, en segundo lugar, es para todos. Sí, para todos. Aquellos que creen, que no creen, que la están pensando, o que no la están pensando. Que se preguntan el porqué, o que no se preguntan nada. Para los que ríen, los que lloran, los que agradecen, los que no agradecen, los que respiran, los que están sanos, los que no están sanos, los que piensan que aún hay esperanza, para los que piensan que no hay esperanza. Por lo tanto, para todos. Cabe aclarar que sí hay esperanza. (La tía de mi cuñado que se llama Esperanza). Pues el evangelio de Juan capítulo 3, versículo 16 dice: *"Porque de tal manera amó Dios al mundo, que ha dado a su Hijo unigénito, para que todo aquel que en él cree, no se pierda, más tenga vida eterna"*. (Juan 3:16~RVR1960). Es decir, es por el amor de Dios que pasan las cosas. No hay coincidencias, ni casualidades, Dios sabe y conoce tu necesidad. A ti te dedico este libro, porque sé que Dios tiene algo especial para tu vida.

Agradecimiento

"Dando siempre gracias por todo al Dios y Padre, en el nombre de nuestro Señor Jesucristo" (Efesios 5:20~RVR1960). Primero tiene que ser para Dios. Y a él es a quien le doy gracias, primeramente. Las razones y motivos — hay miles. Por el cual estoy convencido de que mi agradecimiento primero es para él. Un pastor del país de Chile sin conocerme y siendo usado por el Espíritu Santo me dijo: "Dios te conservó la vida aun cuando muchos quisieron acabar contigo y el té permitió nacer". Lo vuelvo a decir, es solo Dios quien me ha permitido esta gran aventura y bendición que he vivido hasta el día de hoy.

También agradecerles a tantas personas que desde hace mucho han sido parte de mi vida, a quienes si menciono de una forma u otra olvidaría a alguna. Pero en especial doy gracias a mi familia: mis padres, Rubén y Ramona Clark que desde niño me inculcaron tantas cosas valiosas. Mis hermanas y sus esposos, pues de cierta manera han contribuido a mi vida en distintas formas. Judith (Carlos), Anna (Jesse), Elizabeth (Octavio), Reyna (Omar). Pues desde que nací, ellas me cuidaban y me atendían, frecuentemente despertando a media noche a darme de comer o atenderme en mis necesidades, aún inclusive ya ahora de grande. Siempre abrieron las puertas de sus hogares para yo poder tener un lecho donde pudiera descansar. A mi hermano, Rubén y su esposa (Loida), que en mi última cirugía en el 2005 él y mi hermana Reyna fueron los que me cuidaron en el hospital. De él aprendí a tocar la batería, y me enseñó que es necesario primero agradar a Dios antes de querer agradar al hombre con la música. Todos mis sobrinos y sobrinas son un impulso para mí en seguir adelante. A mis pastores por sus consejos que me han ayudado ya sea en lo espiritual y/o en la vida misma. A mi editora de este libro, la hermana Noelia Navia-Ramírez, que cuando ella se enteró de este proyecto con mucho gusto y cariño se puso a mi disposición para ayudarme. El excelente trabajo que ven en este libro y mucho del diseño interior proviene de ella y su esposo Vicente. A mi congregación Manantial de Amor y a algunos hermanos en su colaboración con este proyecto. Igualmente le estoy muy agradecido a mis hermanos Lorenzo Leal, Salvador Melara, Jesús Martínez y Mario Lujano. A mis amigos cercanos que siempre estuvieron ahí para un consejo o una palabra de aliento. A todas las personas involucradas de WestBow Press por su colaboración y trabajo en el libro, también a Noé, mi amigo, quien le dio vida y diseño a mi idea para el libro en el exterior y en las imágenes del interior.

A Isay Valenzuela, Emmanuel Espinoza, y Nury Navia-Miller. Pues sus prólogos al momento de leerlos fueron de gran bendición para mi vida. A cada una de las personas que en algo han contribuido a mi vida. Gracias.

A ti por tomarte el tiempo para leer este libro sé que bendecirá tu vida y estoy convencido que Dios tratará con tu vida de una manera especial.

Prólogo

No hay una sola persona que haya nacido por accidente en el mundo. Cada uno de nosotros somos un bello diseño y plan de Dios. Dios no comete errores ni hace basura; sin importar la familia en que hayas nacido y crecido, situaciones dolorosas o injustas que hayas vivido, o si ha habido abandono u otros desafíos, Dios tiene su mano en ti y, además, quiere amarte y que otras personas cerca de ti conozcan su amor a través de lo que Dios hace en ti.

La vida y testimonio de Caleb no solo nos recuerdan del Dios fiel y amoroso que tenemos, sino que nos desafían a poner nuestra vida en el autor y consumador de la fe: Jesucristo. Aunque la historia de este libro relata las fases, pruebas y victorias de Caleb, y aunque en estas líneas puedes admirar la confianza que una familia, los Clark, pone en Jesús y se aferra a sus promesas, es muy claro que este libro no se trata de Caleb o su familia; ¡se trata de un Dios verdadero y fiel que cumple sus promesas absolutamente siempre!

Caleb nos lleva por detalles que aún muchos que lo conocemos no sabíamos, pero este libro no es un libro con datos autobiográficos solamente. Este libro da lecciones de vida, enseña cómo buscar a Dios aún en medio del dolor y la incertidumbre, muestra cómo *el corazón alegre es buen remedio, pero el espíritu triste seca los huesos* (sí, Caleb nos hace reír varias veces) pero, sobre todo, este escrito te llevará a alabar a Dios casi al terminar de leer cada página, y serás inspirado a dejar de ver el tamaño de tus problemas y ver el tamaño del Dios que tenemos. Tengo un hijo al que, de segundo nombre, le pusimos Josué. Ese nombre significa «Dios salva» o «Dios es mi salvación». Ese es el segundo nombre también de Caleb, Josué. Vaya nombre tan exacto que le pusieron al Josué de este libro. El Josué que llevó al pueblo de Dios a la tierra prometida, fue un hombre dependiente de Dios y atrevido a ser de bendición a otros; el Josué de este libro también.

Estoy seguro de que, al leer este libro, Dios llevará tu fe a otro nivel y serás inspirado a lanzarte a los brazos de Jesús y depender de él y recordar que

"... el que comenzó en vosotros la buena obra, la perfeccionará hasta el día de Jesucristo". Filipenses 1.6 (RV60)

Caleb, gracias por abrir tu corazón, ahora voluntariamente, para compartir de la fe y el amor que te ha sostenido toda tu vida. Oro y deseo que tu historia siga bendiciendo a muchos, así que nos sigue bendiciendo a nosotros.

Emmanuel Espinosa
Autor del libro *"enséñame a VIVIR"*
Líder de la Banda RoJo
Fundador de ANMIEK Instruments
Cantautor, conferencista internacional

Prólogo

Dios está levantando una generación de fe, integridad y de unción y Caleb es uno de ellos. A Corazón Abierto es un libro que desafiará tu vida, tu fe y te inspirará a buscar más de Dios; te ayudará a sobreponerte de cualquier crisis que estés enfrentando y entenderás que con Dios todo es posible. A corazón abierto té llevará desde las risas a las lágrimas, vivencias chistosas a vivencias de fe. No puedes perder de leer este libro que te inspirará y sobre todo el Espíritu Santo tratará en tu vida para creer que los sueños en Dios se cumplen.

¡Bendigo la vida de mi amigo Caleb Josué Clark, un milagro viviente y de inspiración para esta generación!

Isay Valenzuela
Pastor principal de la iglesia Casa de Dios
Caborca, Sonora, México

Isay Valenzuela es un evangelista internacional; Dios lo usa en diversas formas, y a través del tiempo Dios lo sigue llevando a nuevas experiencias y con su poder lo usa de una forma sobrenatural.

Índice

Introducción xv

La voluntad del Padre xvii

1 1% de posibilidad, 99% de fe xvii
2 Testigo de su gran poder 9
3 Médico por excelencia 19
4 Dos minutos 25

Para la gloria de Dios 33

5 ¡Eso es un regalo! 33
6 Cambio sin éxito 39
7 ¡Qué noticia tan inesperada! 45
8 Ya no hay salida 49
9 En la línea de batalla 53
10 La confianza siempre puesta en Dios 59
11 Cuando Dios se deja sentir 67
12 La fe produce paciencia 77
13 Un motivo más 85

Contaré las obras de Jehová 99

14 Contaré las obras de Jehová 99
15 Conclusión 109

Introducción

Mis propias experiencias no serán parte de quien soy ahora. Fueron parte de la formación de quien soy hoy. Antes de poder hablar, de caminar, de comer, o de nacer, Dios ya había trazado un plan perfecto para mi vida, aunque por varios años no lo lograría entender. Ya Dios había diseñado lo que sería mi vida. Te hablaré o narraré la historia que no solo tiene que ver con mi vida sino también tiene que ver con mi familia. Las cosas que sucedieron que cambiaron la perspectiva de mi familia y la mía acerca de la vida, y principalmente acerca de Dios.

Salmos 139:13-16 dice: *"Tú fuiste quien formó todo mi cuerpo; tú me formaste en el vientre de mi madre. Te alabo porque estoy maravillado, porque es maravilloso lo que has hecho. ¡De ello estoy bien convencido! No te fue oculto el desarrollo de mi cuerpo mientras yo era formado en lo secreto, mientras era formado en lo más profundo de la tierra. Tus ojos vieron mi cuerpo en formación; todo eso estaba escrito en tu libro. Habías señalado los días de mi vida cuando aún no existía ninguno de ellos"*. (DHH).

Cuando leo las palabras de David en Salmos 139, me doy cuenta de que fue un plan de Dios, no un error todo lo que ha pasado en mi vida, pues desde el principio Dios lo había planeado.

Las historias de los demás son para leerlas y reflexionar. No para leerlas e imitar, juzgar o criticar. Escribe tu propia historia; no vivas a la sombra de otra persona.

1

La voluntad del Padre

1% de posibilidad, 99% de fe

Las cosas comenzaron, así como las contaré. Buscando información en mi familia, mi hermana me habló acerca de lo que sucedió y como sucedió lo que a continuación te contaré.

En el mes de octubre del año 1992, mi mamá fue a un chequeo médico, y el doctor al ver que ella traía la presión arterial alta, decidió que tenía que ser hospitalizada para inducir el parto para que no hubiera complicaciones. Hasta ese momento todo parecía marchar bien. Situaron a mi mamá en un cuarto normal para monitorearla, porque decían que aún no era tiempo de que yo naciera. Por consiguiente, cuando a mí mamá le daban dolores le suministraban unas pastillas y se le quitaban los dolores. Duró algunos días así y para ese entonces ya estábamos en el mes de noviembre.

El 3 de noviembre decidieron inducir el parto, y a las 4:00 p.m., le aplicaron un gel a mi mamá y a mi papá le dijeron:

—"No nacerá aun, será para la media noche o en la mañana". Unas horas después, estando mi hermana mayor con mi mamá, ella le dijo:

—"Hija, ya me empezaron los dolores".

En ese momento no había nadie en la estación de enfermeras. Se supone que haya una enfermera ahí siempre, pero no se encontraba nadie. Y en la habitación estaban solo mi mamá, mi hermana y YO (aún no nacido), y en eso le surgieron los dolores aún más fuertes.

Mi hermana salió a ver si ya había llegado alguien al control, pero no había llegado nadie todavía. Ahora en los cuartos de hospital aquí en Tucson, Arizona (por si nunca has entrado a uno de ellos), te lo describiré de la forma como yo siempre los he visto. En la cabecera ponen un control remoto al alcance de la mano del paciente y este control funciona para diferentes cosas. Sirve para prender y cambiarle los canales a una televisión, hace lo mismo para la radio, y se usa para cambiar la posición de la cama. En el puro centro de este control hay un botón rojo con un dibujo de una enfermera, y mi hermana para ese momento ya había aplastado el botón. Pasaron algunos minutos y los dolores eran cada vez más intensos y cuando vino la enfermera vio a mi mamá y me vio a mí. Bueno nomás parte de mi cabeza en lo que ella sólo dijo:

—"No puje, no puje", y salió corriendo.

Mi hermana estaba asustada por ser su primera vez en un parto. Mi mamá al ser tan obediente no pujó. Yo nací sólo, y cuando entraron los doctores, yo estaba en la cama con el cordón umbilical atado todavía. De inmediato, lo que hicieron fue envolverme en una mantilla (cobija pequeña), y me pusieron en el pecho de mi mamá. Entonces, ellos empezaron a atender a mi mamá, puesto que al yo nacer mi mamá sostuvo una cortada.

Estando los doctores atendiendo a mi mamá, mi hermana me tomó en sus brazos y yo estaba morado y no paraba de llorar. Mi hermana le habló a mi papá porque todavía a mí no me atendían; nací entre las 6:00 y 7:00 p.m., y no me atendieron hasta después de la medianoche. En aquel momento fue cuando se dieron cuenta que a mí me faltaba oxígeno.

Cuando los doctores me revisaron y vieron que me faltaba oxígeno es cuando posiblemente se prendieron las alarmas de ellos. Pues un recién nacido no puede estar sin que su nivel de oxígeno esté a menos de 90% y lo normal es de 92% a 100%.

Al pasar de los años me he dado cuenta de que, de pasar tanto tiempo en chequeos médicos y hospitales, he aprendido 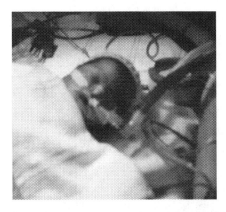 diversos detalles de cómo debe funcionar el cuerpo humano. Después de conocer el problema exacto, el oxígeno en mi cuerpo debería mantenerse alrededor de 88% sin oxígeno artificial. Pasó posiblemente una hora o quizás un poco más. Se dan cuenta que hay algo en una arteria principal del corazón, y es que la arteria que lleva la sangre oxigenada del corazón a los pulmones no se había formado bien según los doctores.

Conocemos a un hermano que a su hijo le pasó algo similar por el esfuerzo que hizo para nacer solo, porque nació sin la ayuda de nadie, y la arteria principal del corazón se le explotó. Y eso mismo sucedió en mi caso, porque cuando buscaron al doctor que supuestamente atendería a mi mamá en el parto, no se encontró ni se vio más.

Después de realizarme varios estudios, los especialistas determinaron que la arteria pulmonar principal del corazón que lleva la sangre a los pulmones tenía una insuficiencia seria, y tuvieron que trasladarme de emergencia del Centro Médico de Tucson (TMC por sus siglas en inglés) a la unidad de cuidados intensivos pediátricos (PICU por sus siglas en inglés) del Centro Médico de la Universidad de Arizona en Tucson.

Los doctores ya entendiendo la circunstancia y la gravedad del problema les explicaron a mis padres lo qué se tenía que hacer.

—"Caleb tiene un defecto en la arteria pulmonar y la única forma de poder arreglarla es realizando una operación de emergencia — *a corazón abierto*. ¿Ustedes como padres accederían a la operación"?

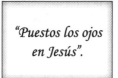

"Puestos los ojos en Jesús".

Mis padres accedieron a la operación. Cuando yo tenía aproximadamente 20 horas de nacido ya estaba en el quirófano de un hospital siendo intervenido quirúrgicamente para remplazar la arteria pulmonar principal del corazón. Uno de los cirujanos especialistas les comentó a mis padres:

—"La arteria que vamos a colocar en el corazón de Caleb es una arteria sintética y el material de dicha arteria es muy parecido a una arteria normal, lo único es que no se estira mucho y cada dos o tres años se tiene que reemplazar".

Salí bien de la cirugía, pero aun estando en PICU, unos días después me puse grave y los doctores actuaron sin demora. Los estudios realizados determinaron que se había desatado la arteria que me habían colocado. De nuevo la situación era crítica y los doctores dijeron lo siguiente:

—"Caleb tiene que ser operado de inmediato, las probabilidades de que sobreviva son de 1% por ser un recién nacido. Someterlo a una segunda operación en tan corto tiempo es un riesgo muy serio y es casi imposible que resista la operación".

Mis padres de nuevo acceden a que me operen y arreglen el problema de la arteria. *"Y sabemos que a los que aman a Dios, todas las cosas les ayudan a bien"*. (Romanos 8:28~RVR1960).

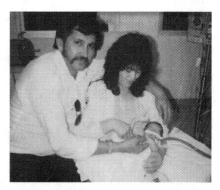

Nunca lo pensé ni lo hice, pero hoy me pregunto, ¿por qué acceder a una cirugía tan riesgosa? No obstante, ya se les había dicho que si no me operaban, moriría. En cualquier operación hay riesgos que pueden provocar la muerte al igual que la posibilidad de sobrevivir. Mi familia accedió y quiero creer por lo siguiente: *"Puestos los ojos en Jesús, el autor y consumador de la fe".* (Hebreos 12:2~RVR1960).

La circunstancia no nos debe desviar y hacernos poner los ojos en la situación. Entiendo que tener los ojos puestos en Jesús me da confianza para seguir adelante. Problemas, enfermedad, y condiciones difíciles han venido y vendrán a mi vida.

Creo completamente en Dios. Día a día, segundo a segundo siempre busco mantener mis ojos puestos en él.

Nosotros no ponemos nuestra mirada en un cirujano especializado con honores, doctores especialistas en la materia, o en enfermeras/os destacadas/os, y un buen día entendí que la sabiduría y 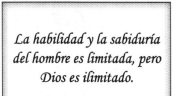 *La habilidad y la sabiduría del hombre es limitada, pero Dios es ilimitado.* la destreza del hombre vienen de Dios. Pues Dios, desde el principio de la creación, puso en Adán diferentes habilidades y desde entonces a cada uno nos dio habilidades. Pues, ¿cómo pudo Adán nombrar a todos los animales? Dios le dio la habilidad. También Dios le dio a Adán la sabiduría para que labrase y cuidase el huerto de Edén. (Para los que creen que por culpa de Eva trabajamos, en Génesis 2 habla del trabajo que Dios le dio al hombre desde antes de la desobediencia.) (Eso fue un extra.) La habilidad y la sabiduría del hombre es limitada, pero Dios es ilimitado. Un Dios sin límites. Él es el Dios de lo imposible. Pues él dice: *"...lo que es imposible para los hombres, es posible para Dios".* (Lucas 18:27~RVR1960). Es por eso por lo que creo que de parte de Dios se accedió. Los doctores decían que era casi imposible que yo me salvara.

Una segunda cirugía y todo sale y marcha bien. Los doctores y especialistas sorprendidos de como yo pudiera resistir y, asimismo, como es posible que estuviera bien.

Pasaba el tiempo ingresado en el hospital 24/7, medicinas continuas, tratamientos como morfina, anestesia, sueros,

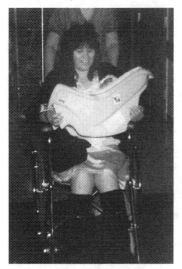

oxígeno, etc. Yo nací en noviembre en el TMC, pero fui trasladado de emergencia a UMC. Ahí duré internado alrededor de tres meses hasta enero del 1993 y fui a mi casa por primera vez.

Posiblemente podrás decir es una situación lamentable, dolorosa, y lo que más se escuchaba de las personas negativas era, "hay posibilidades que sobreviva, pero es muy difícil". ¿Nunca te ha tocado estar en frente de una persona con una actitud tan negativa que si se te ocurre ponerle un termómetro para ver cómo está su temperatura de positividad, saldría más helada que el polo norte de tan negativa que es esa persona? Pues puedo imaginar que hubo personas que fueron negativas y posiblemente no tenían ninguna palabra de ánimo. Pero en todo eso, siempre se podría pensar en que Dios tenía el control de todas las cosas mientras se oraba y se seguía creyendo en él.

> *Dios tenía el control de todas las cosas mientras se oraba y se seguía creyendo en él.*

En el transcurso de esos meses eran de continuas idas a la sala de emergencias, entraba y salía del hospital y resultaba ser más el tiempo ingresado que el que duraba en casa.

Cuando tenía alrededor de un año y medio, los doctores me veían seguido a raíz de que las dos primeras cirugías habían sido un éxito. Los doctores se preguntaban y decían:

—¿"Cómo es posible que Caleb estando en el hospital siendo un niño de solo un año y medio se vea tan bien y no presente dolor aun cuando los monitores indicaban que había anormalidades y dolor en mi cuerpo"?

Solo se podía ver que los doctores meneaban sus cabezas de un lado a otro sin entre ellos mismos poderse explicar que sucedía. En cierto momento los doctores trataron de explicar algo a mis padres con las siguientes palabras:

—"Caleb va progresando, los estudios indican mejoría y vivirá, pero no será un niño normal. Eso significa que no podrá caminar, valerse por sí mismo, estar solo, es decir, siempre necesitará a alguien que lo atienda, será un vegetal. Posiblemente tampoco hablará".

Me imagino que si a mí me dan esa noticia acerca de mi pronóstico en ese momento hubiera pensado, ¿de qué sirve vivir si no podré hacer lo que a una persona le gusta hacer, es decir, comer, caminar, reír, valerme por mí mismo?

> *Todo era parte de un plan perfecto de Dios.*

En ese momento hubiera pensado que hubiera sido mejor no vivir, pero todo era parte de un plan perfecto de Dios. Posiblemente te preguntes, ¿estar en esa situación y que tu familia pasara por eso era un plan perfecto de Dios?

En ocasiones somos probados para crecer en nuestras vidas ya sea espiritualmente, físicamente o mentalmente, y eso sucedió. Era solo una prueba para que nosotros mismos como familia pusiéramos nuestra mirada en Dios. Anteriormente hablé acerca de Hebreos 12:2 (RVR1960) que dice: *"puestos los ojos en Jesús, el autor y consumador de la fe"*.

En estos últimos meses y semanas de mi vida he podido experimentar en diversas formas como Dios ha cambiado mi mentalidad. Aun cuando en mis 25 años de vida he estado en una casa que se habla de lo que Dios puede hacer. Yo mismo de una forma u otra tuve que tener mi propia clase acerca de la fe, confianza, y creer en Dios. Desde niño aprendí un versículo que dice: *"Es pues la fe la certeza de lo que se espera, la convicción de lo que no se ve"*. (Hebreos 11:1~RVR1960).

Hace unos meses, a raíz de una circunstancia, aprendí que si yo creo que será hecho tengo que confesarlo y verlo realizado, aunque lo que mis ojos, mis oídos y mis amigos me dijeran fuera lo contrario de lo que yo le estaba pidiendo a Dios. Eso sucede a veces; lo que está frente a nuestros ojos es muy diferente a lo que esperamos ver, pero es cuestión de fe. Es decir, yo no lo veo, pero sé que sucederá. Es la convicción que el milagro va a suceder.

Isaías 41:10 (RVR1960) dice: *"No temas, porque yo estoy contigo; no desmayes, porque yo soy tu Dios que te esfuerzo; siempre te ayudaré, siempre te sustentaré con la diestra de mi justicia".*

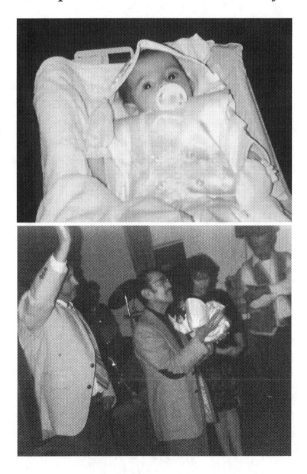

2

Testigo de su gran poder

L a Biblia es muy clara en lo que dice y como se dice solo que como lo platicábamos Isaac (Pilas), Eliseo (Hilachero) y yo. A veces usamos un texto fuera de contexto para formar un pretexto.

A veces usamos un texto fuera de contexto para formar un pretexto.

Pero ese no es el caso en este tema. Jesús habló muy claro cuando él dijo: *"No todo el que dice: Señor, Señor, entrará en el reino de los cielos, sino el que hace la voluntad de mi Padre que está en los cielos".* (Mateo 7:21~RVR1960).

En el capítulo anterior hablé de como los doctores decían

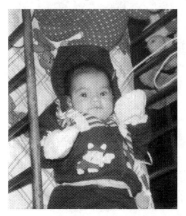

que sería un vegetal. Y en cierta forma sería muy difícil vivir una vida como una persona normal. No sé qué tan difícil puede ser escuchar eso, pues yo apenas tenía un año y meses. Los primeros que escucharon esas palabras fueron mis papás. Creo que después de tener seis hijos y haber experimentado una situación similar en el pasado donde los doctores daban una noticia sin muchas esperanzas, lo único que podían hacer es orar. En el caso de una hermana mía algo de lo que recuerdo es que los doctores dieron muy pocas esperanzas. Mis papás empezaban a conocer el evangelio y su pastor en ese entonces había dicho:

—"Si alguno en casa se enferma oren y crean que Dios hará un milagro". Ellos oraron y, para la sorpresa de mis padres, mi hermana despertó la mañana siguiente pidiendo comida siendo que por la enfermedad no podía comer. En Marcos 16:18 (RVR1960), Jesús nos dice: *"...pondrán las manos sobre los enfermos, y éstos sanarán".* Te fijas que no dice ¿a ver si sanan? Dice: *"y sanarán".* La palabra de Dios se nos fue dada para creerla y vivirla. Si tú estás leyendo la Biblia, pero no la estás viviendo, simplemente estás perdiendo el tiempo. El tiempo que tú tomas para leer la Biblia es para que la leas y que la misma palabra que has leído la pongas por obra en tu vida.

Mi papá reunió a mis cuatro hermanas, a mi hermano y a mi mamá para decirles:

—"Los doctores dicen que Caleb será un vegetal, que no podrá valerse por sí mismo, que tendrá que estar bajo supervisión 24/7 y seguido estará internado. Probablemente pasará más tiempo en el hospital que en la casa. Posiblemente no será mucho tiempo el que dure con vida. Siendo esto así vamos todos a ponernos de acuerdo como dice en Mateo 18:19 (RVR1960): *"Otra vez os digo, que, si dos de vosotros se pusieran de acuerdo en la tierra acerca de cualquier cosa que pidieren, les será hecho por mi Padre que está en los cielos",* y decirle:

—"Señor, Caleb es tuyo, tú nos lo prestaste. Si es tu voluntad que Caleb viva, préstanoslo sano, pero si no será un niño sano, llévatelo".

Mis hermanas, mi mamá, y mi hermano posiblemente cuestionaron la forma en la que mi papá oró, pero mi papá explicó:

—¿"De qué va a servir que viva si va a dar lástima, si será

un lisiado, si siempre será una carga? De nada nos sirve decir que servimos a un Dios de poder y que hace milagros cuando sufrimos con un hijo que esté enfermo toda su vida según el diagnóstico de un doctor. Sabemos que Dios puede cambiar ese diagnóstico".

No sabría decirte que pasaría por la mente de cada uno de ellos, pero sí puedo imaginar que posiblemente tuvieron miedo de orar de esa forma. Te lo digo porque me ha tocado orar por una situación difícil y pedir que Dios haga su voluntad. En realidad, aunque no esté muy convencido y que me agrade al principio ver la voluntad de Dios realizada por lo que pedí. La verdad es que el plan de Dios es perfecto. Se oró por lo que se le pidió a Dios y se esperó a ver qué sucedería. Solo dos cosas podían suceder; o yo mejoraba o moría.

> *La verdad es que el plan de Dios es perfecto.*

Un buen día sucedió lo que nadie quería que aconteciera. El doctor a cargo del PICU en UMC dio el aviso de mi fallecimiento con el acta de defunción donde decía que:

—"Caleb Josué Clark Rosas ha fallecido"—.

En cuestion de cortos minutos la noticia se corrió no solo a los familiares sino también a los amigos y a los hermanos de la iglesia. Entre todas las personas que se dieron cita en el hospital para posiblemente dar el pésame, se encontraba un evangelista que habló con mi padre y le dijo:

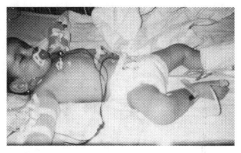

— " H e r m a n o Clark, vamos a orar, sabemos que en estos casos surgen gastos y, dependiendo de su plan, se necesitan recursos lo mismo si quieren enterrar a Caleb en México o aquí. Oremos para que

Dios supla y también por la familia. Que Dios consuele sus vidas".

Se pusieron de acuerdo todos los que estaban presentes y empezaron a orar. La unidad de cuidados intensivos pediátricos tiene varias salas de espera, pero la capacidad de cada una de estas salas es de lo máximo de 25 a 30 personas. Ahora, se reunieron familia, amigos y hermanos de la iglesia.

No sé si te has dado cuenta, pero los mexicanos tienen alrededor de tres hijos en adelante por familia. No estoy seguro para poder decirte un número aproximado de cuantas personas había en aquellas salas y pasillos del hospital. Asimismo, ten en cuenta que es uno de los hospitales más ocupados de la ciudad y no solo mi familia estaba ahí. Había otros pacientes y quiero creer que cada paciente tenía a alguien que lo visitaba. También por ser el PICU, por los pasillos, salas de espera y elevadores, había doctores, enfermeras y especialistas que estaban ahí la mayor parte del día haciendo su labor. Sin embargo, se tomó la decisión de orar.

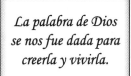

La palabra de Dios se nos fue dada para creerla y vivirla.

Empezaron a orar, lo que posiblemente creían que sería una oración de unos cinco minutos, se convirtió en una oración de alrededor de 15 minutos continuos, pero ya no era con palabras aprendidas en español o en inglés. El Espíritu Santo descendió en aquel hospital y se escuchaban hombres y mujeres orando en otras lenguas. así como dice en Hechos 2:4 (RVR1960):

"Y fueron todos llenos del Espíritu Santo, y comenzaron a hablar en otras lenguas, según el Espíritu les daba que hablasen".

Cuando el Espíritu Santo se hace presente en un lugar las cosas cambian. No solo nuestro vocabulario, pero algo sobrenatural sucede y siendo un hospital, se encuentran las familias de otros enfermos. Hay doctores, enfermeras, y

"Y la paz de Dios, que sobrepasa todo entendimiento".
(Filipenses 4:7~rvr1960)

trabajadores de diferentes departamentos quienes pasan por frente a esta "bola de locos" que no les entienden nada, pero se dan cuenta que hay algo diferente en ellos que les hace sentir una paz que sobrepasa el entendimiento. *"Y la paz de Dios, que sobrepasa todo entendimiento".* (Filipenses 4:7~RVR1960).

Pasa un período de una adoración espontánea porque de ser una oración para pedir que Dios supliera para una necesidad, se convirtió en un momento de una adoración espontánea en otras lenguas. Mi mamá y otra persona que la acompañó fueron al cuarto donde estaba el cuerpo de Caleb. Al entrar al cuarto se dan cuenta que no solamente estaba el cuerpo, también estaba el espíritu de Caleb. Lo más importante es que estaba presente el médico por excelencia, el que dijo: *"Yo soy la resurrección y la vida; el que cree en mí, aunque esté muerto, vivirá".* (Juan 11:25~RVR1960).

> *Jesús es el médico por excelencia.*

Se hizo presente en ese momento Aquel que tiene el poder no solo para sanar una tos, sino que también puede sanar del cáncer, SIDA, diabetes, lupus, la enfermedad que venga a tu mente, él la puede sanar, y aún levantar de entre los muertos. Lo siguiente es que mi mamá y la persona que la acompañaba acataron que las maquinas que todavía tenía conectadas mostraban que mi corazón latía, que había oxígeno en mi cuerpo, que una vez más había vida en mi cuerpo.

¡Vivo! Eso después de haber estado muerto por alrededor de cuatro horas y media. Había un alboroto donde la gente platicaba y compartía el testimonio diciendo:

—"En el sexto piso hay un niño de un año con problemas del corazón y estaba muerto, pero ahora está vivo. Es un milagro".

Se corrió la voz y la gente escuchó de lo que había sucedido y lo más lindo para mí de esta parte de mi testimonio es que la gente que tenía a alguien internado en el hospital escucharon lo sucedido y empezaron a creer y, por ello, personas que estaban internadas comenzaron a recibir milagros de forma sobrenatural.

La palabra de Dios dice en Hechos 1:8 (rvr1960): *"pero recibiréis poder, cuando haya venido sobre vosotros el Espíritu Santo, y me seréis testigos en Jerusalén, en toda Judea, en Samaria, y hasta lo último de la tierra".*

Hubo gente que fue testigo de lo que sucedió cuando se empezó a orar en los pasillos del hospital, y de ahí muchos hablaron de ello y creyeron en los milagros y también recibieron milagros. Tal fue lo que sucedió que en el caso de una niña que su tío la había atropellado con una camioneta de doble rodado, estaba en el hospital también y tenía muchos huesos quebrados y fuera de lugar. Mis padres le contaron lo que Dios estaba haciendo en mi vida.

Dios empezó a acomodar los huesos de esa niña en su lugar. El milagro sucedió a través de que se testificó lo que Dios estaba haciendo en mí. Y pienso que los padres de esa niña pudieron haber dicho:

—"Si Dios pudo resucitar a ese niño, también puede hacer un milagro en nuestra hija, y ellos creyeron a causa del testimonio".

"Así que la fe es por el oír, y el oír la palabra de Dios". (Romanos 10:17~rvr1960). Hay personas que tienen un testimonio de lo que Dios ha hecho en sus vidas y saben que Dios es un Dios de poder y que hace milagros, pero por vergüenza o por temor no testifican. Pero, ahora te animo a que testifiques porque al tú testificar las maravillas de Dios estás sembrando fe en el corazón de las personas y a causa de tu testimonio muchos van a creer en el Dios de poder que tú y yo tenemos.

Pasó el día en que morí y Dios me devolvió la vida, y también llegó el día cuando el doctor que me había declarado muerto regresó al hospital y vio lo que sucedió. Asustado y sin ninguna explicación de cómo entender lo sucedido, hablo con mis padres diciéndoles las siguientes palabras:

—"Señores Clark, no entiendo lo que sucedió ayer. Yo declaré a Caleb muerto y clínicamente lo estaba. Nuestra tecnología y nuestro conocimiento no puede fallar de esa forma. Es decir, si ese error lo cometió un doctor, dicho doctor pierde todo lo que haya logrado hasta el presente. Yo cometí ese error y por ser el doctor a cargo del PICU,

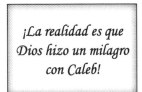

¡La realidad es que Dios hizo un milagro con Caleb!

tengo médicos y muchas otras personas bajo mi mando. Si ese error lo comete uno de los otros doctores bajo mi dirección, no hay mucho problema, pero el error lo cometí yo. Si ustedes llegan a demandar al hospital por lo ocurrido, yo pierdo todo, y definitivamente me dejan en la calle".

Mis padres entendiendo lo que había sucedido respondieron:

—"Doctor, estamos conscientes de lo que sucedió y usted no cometió ningún error. Caleb sí murió, pero Dios le regresó la vida. No es un error médico, ¡la realidad es que Dios hizo un milagro con Caleb"!

El director médico del PICU de UMC se dio cuenta que Dios es real y él lo expresó así:

—¡"Éste es un milagro de Dios"!

3
Médico por excelencia

Ya había pasado más de un año y medio desde las primeras cirugías. Los cardiólogos y cirujanos sabían que mi cuerpo se estaba desarrollando. A raíz de que ellos habían puesto una arteria sintética ellos dijeron lo siguiente:

—"Caleb se está desarrollando, pero a consecuencia de la arteria sintética que tiene su corazón no funcionará con normalidad si no la reemplazamos. Por ende, no se desarrollará junto con los demás órganos de su cuerpo. Es necesario operar y remplazar la arteria, pero hay muy pocas probabilidades de que Caleb resista esta operación, es decir, las probabilidades son de un 5% de que Caleb se salve. Podemos operarlo con el consentimiento de ustedes que son sus padres, pero es imprescindible explicárselos para que estén conscientes de los riegos que conlleva esta intervención. Dicho esto, si alguien del equipo quirúrgico no sale por esas puertas del quirófano antes de seis horas significa que todo va bien. Pero, si salimos antes de las seis horas es que Caleb no resistió la cirugía".

No sé si alguna vez viste una película de acción donde el actor principal (esto sólo es mi imaginación), en una de sus escenas de acción dice algo así como:

—Mira Miriam, eres muy inteligente y sé que si entras

conmigo a ese almacén posiblemente no salgamos los dos vivos de ahí, pero si esperas aquí y estás al pendiente me ayudarías mucho más. Porque si no salgo por esa puerta que está a la derecha que tiene una línea roja y dos candados grises en 30 minutos tienes que llamar a la policía.

Y Miriam por ser inteligente tiene un ojo en el reloj y el otro ojo en la puerta por donde saldrá Jackie. Miriam con un latido fuerte en su corazón, con miedo y con desesperación está atenta a todo lo que ocurre a su alrededor. Cuando faltan exactamente tres segundos para que se cumplan los 30 minutos, Jackie saldrá por esa puerta y detrás de él solo se verán explosiones y cuerpos de la mafia china volando por todos lados a causa de la explosión. Ahí termina la película donde Jackie resuelve el misterio del medallón que fue robado de su familia.

Bueno, sé que no tiene nada que ver con lo que hablo en estas líneas. Pero, así como Miriam estaba atenta al reloj y a la puerta por donde saldría Jackie, así seguramente estaba mi familia, esperando, inhalando y exhalando con desespero y angustia sin saber que sucedía detrás de esas puertas del salón de operaciones. Solo estaban atentos a ver el reloj y como los segundos pasaban como minutos, los minutos como horas y las horas como días, pero, al pasar seis horas, respiraron con tranquilidad y paz, sabiendo que la operación marchaba bien y que yo estaba vivo.

Transcurridas las siete horas de la operación se abrieron las puertas y salieron los cirujanos y los enfermeros que estaban a cargo de mi cuidado bañados en sangre, y les preguntaron a mis padres lo siguiente:

—"Señores Clark, ¿adónde llevaron a Caleb"?

—¿"A qué se refiere doctor"?

—"Pregunté, ¿adónde llevaron a Caleb? ¿A China, Japón, Nueva York, Washington? ¿A qué otro hospital se llevó a Caleb"?

—"Doctor perdone, pero usted mejor que nadie sabe que

desde que Caleb nació su cuidado siempre ha sido en este hospital. ¿Qué ocurre"?

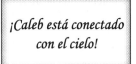

—"Le explicaré. Nosotros hace más de un año colocamos una arteria sintética en Caleb, y no sé qué ocurrió que cuando abrimos y llegamos a en el corazón de Caleb. En su lugar está una arteria original. Indiscutiblemente es una arteria de carne, es decir, la arteria que nosotros injertamos fue remplazada por una arteria original. Y, déjeme decirles, es el mejor trabajo que he visto. Un trabajo 100% profesional, meticuloso, perfecto; es un trabajo extraordinario. Ese trabajo lo hizo un experto".

—"Doctor, nunca salimos de Tucson con Caleb, no fuimos a ningún lugar ya que siempre hemos estado aquí. Si usted no entiende qué sucedió creo poder explicárselo. Como usted sabe, somos cristianos y creemos en Dios y hemos orado para que Dios haga un milagro y eso es lo que usted ha visto en el corazón de Caleb. Dios ha hecho un milagro poniéndole una arteria original completamente de carne".

—"Esto en realidad es un milagro de Dios. Caleb está conectado con el cielo, porque no hay una persona en el mundo que pudiera haber hecho tan excelente trabajo".

Los mismos doctores se dieron cuenta de que Dios. es. real. Muchas veces lo he pensado y lo he dicho; los recursos de este mundo son limitados. La mente del hombre es limitada al igual que todo bajo el cielo, y lo más notorio de todo es la medicina. Pues cuando hay enfermedades donde el hombre es desahuciado por la ciencia, es ahí donde aparece el médico por excelencia.

Mi familia le pidió a Dios que hiciera su voluntad, y parecía que la voluntad de Dios era que yo no viviera. Él me llevó por cuatro horas y media, pero a través de todos estos años he llegado a la conclusión que me llevó solo para hacer un arreglo y devolverme para mostrarle al hombre que Él. Es. Real.

Terminaré este segmento diciéndote que no tengas miedo

de pedir que él haga su voluntad. Al principio de ello te darás cuenta de que su voluntad es buena y perfecta. Lo que viene de parte de Dios es lo mejor. Prefiero hacer su voluntad y esperar en él, que hacerlo a mi manera y morir en el intento. Dios quiso que lo que pasara conmigo fuera así. Porque a través de esto gente a

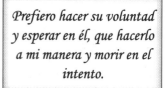

Prefiero hacer su voluntad y esperar en él, que hacerlo a mi manera y morir en el intento.

creído y creerá en él. Romanos 12:2 (RVR1960) dice: *"No os conforméis a este siglo, sino transformaos por medio de la renovación de vuestro entendimiento, para que comprobéis cuál sea la buena voluntad de Dios, agradable y perfecta".*

Esto es solo una parte de lo que Dios hizo conmigo, y aún falta mucho de lo que Dios hizo y está haciendo en mi vida. Y en cada instante de mi vida, le doy gracias por hacer su voluntad en cada área de mi vida.

Sé que Dios está tratando con tu vida mientras lees este libro, y te darás cuenta de que lo que sea que estás pasando en tu vida, Dios se quiere glorificar.

4

Dos minutos

Tengo al momento como diría un amigo "ya con 25 años de experiencia" que si una persona que apenas está entrando en lo que es la medicina posiblemente yo terminaría hablándole de cosas que aun ni ellos que la estudian saben. Pues desde que nací las visitas a los hospitales han sido más frecuentes que las idas a mi taquería favorita. La verdad es que me agradó mucho la idea un día de poder ejercer la medicina, pero no fue algo que pude lograr, porque la pasión por el estudio no es una de mis virtudes.

A principios del año 1999, mis padres estaban de pastores en la ciudad de Santa Ana, Sonora, México. Y ahí vivíamos mis padres, mi hermano Rubén, mi hermana Reyna, y yo. Pero, los doctores nos aconsejaron que a causa de mi corazón y debido al bajo nivel de oxígeno en mi sangre, tenía que vivir en una ciudad más cerca al nivel del mar, e incluso si fuera posible en la frontera.

Mis papás por ser pastores les pidieron a los líderes de las Asambleas de Dios el traspaso a una ciudad más cerca al nivel del mar y si fuera posible ubicada en la frontera. Después de una búsqueda de alguna iglesia disponible en la frontera o cerca al nivel del mar, se encontró la iglesia Ebenezer en la ciudad de Sonoyta, Sonora, México que está solo a dos horas y media de Tucson, Arizona, donde venía regularmente a chequeos médicos. Nos mudamos a Sonoyta alrededor de junio o julio del 1999. Al parecer simplemente era una recomendación de parte de los doctores, pero en realidad todo era parte del propósito de Dios.

Recuerdo el día que nos mudamos hubo muchas trabas para llegar ahí. Una vez acomodados, comencé la primaria, pero no fue por mucho tiempo que permanecí en ella ya que para el mes de octubre los doctores habían visto algo en mi corazón que ellos pensaban ayudaría mucho en mi recuperación y en mi nivel de oxígeno. La condición de mi corazón a raíz de lo que me sucedió al nacer generó el defecto de tetralogía de Fallot, explico:

La tetralogía de Fallot es una condición cardíaca congénita que implica cuarto anomalías que ocurren juntas, incluyendo un septo defectuoso entre los ventrículos y estiramiento de la arteria pulmonar. Es decir, cuando mi corazón bombea sangre tiene la función que cuando reproduce los glóbulos rojos, los reproduce más de lo que un corazón normal lo hace. El hematólogo, especialista en la sangre, explicó lo siguiente:

—"El rango normal de glóbulos rojos de una persona como tú debe ser de entre 4.0-5.5 millones (células por microlitro) de glóbulos rojos en la sangre, pero a raíz de tu tetralogía, tu sangre se reproduce más de lo normal y para ti el nivel normal de glóbulos rojos es de 5.6-6.1 millones (células por microlitro) de glóbulos rojos. Si ese nivel sube más de eso, hay otras complicaciones que pueden ocurrir como una embolia cerebral, un ataque isquémico a causa de tantos glóbulos rojos y tú estás propenso a que tengas un coágulo en la sangre que puede resultar en parálisis cerebral".

En el 1999, los doctores quisieron prevenir que algo así ocurriera antes que yo iniciara a tener más desarrollo, y me involucrara en algún deporte o actividad. Pues los doctores dijeron lo siguiente:

—"Caleb ya está en una etapa más avanzada y a través de los años vemos que él responde mucho mejor de lo que nosotros esperábamos y llegamos a esta decisión de que antes que él se involucre en algún deporte o alguna otra actividad.

Su defecto de tetralogía se puede reparar, ya en otras partes de los Estados Unidos se ha podido reparar este defecto con una cirugía donde se entra al corazón y se cierra el orificio que hay en medio de la ventricular derecha e izquierda. De ahí poner una válvula que bombee la sangre directo a los pulmones y así su nivel de oxígeno sería más alto, su sangre sería más normal sin el problema de que sus glóbulos rojos se eleven. Si ustedes acceden a esta cirugía, en este mismo mes podemos operarlo y él podrá vivir con más libertad".

Mi familia accedió a esta cirugía; ya para ese entonces Judith y Elizabeth se habían casado y mis sobrinos Carlos y Octavio eran de dos y un año, respectivamente. Se hicieron los preparativos y ya estaba en el hospital en espera de la cuarta cirugía.

En aquel momento yo estaba a punto de cumplir siete años y tenía más noción de lo que estaba aconteciendo y, aún más nervios me daban, ya que para mí era como si fuera la primera vez. Pasó la operación y me subieron a cuidados intensivos pediátricos. Transcurrieron aproximadamente 15 minutos de mi estancia ahí cuando me sacaron de emergencia del PICU porque mi corazón no resistió lo que me habían hecho. Llamaron a mi familia urgentemente a la sala para decirles:

—"Tal vez Caleb no resista esto".

Aparentemente a mi corazón no le agradó la idea de que se tapara el hoyo que estaba en el medio de las ventriculares. Tuvieron que volver a abrirme, llegar al corazón y deshacer lo que habían hecho. Lo que habían hecho no funcionó como ellos pensaban o creían que sería un éxito. Lo que fue, pero no fue. Lo que se hizo, pero se deshizo, lo que creían funcionaría, pero no funcionó. Se preguntarían, ¿por qué no funcionó? En otras personas había sido todo un éxito, pero en mi no.

Pues tuvieron que volver a abrirme y quitar la reparación que habían hecho porque mi corazón no lo aceptó. Antes de ello, los doctores sabían el riesgo y pidieron el permiso de mi familia para poder ingresarme de nuevo al quirófano para remover lo que habían hecho. Con la certeza de que, si pasaban más de dos minutos, mi corazón podía dejar de funcionar, así todo tomó tiempo llegar al quirófano para después descoser mi pecho, despegar de nuevo mis costillas, mover órganos para llegar al corazón y arreglar el problema. Posiblemente pasaron más de dos minutos, pero Dios estaba ahí. He visto fotos donde están en un quirófano y se ve claro donde un hombre de vestiduras blancas es quien está controlando la mano del cirujano. Estoy seguro de que Dios tenía el control de todo lo que sucedía en aquel quirófano. Y no solo esa vez sino en todas mis cirugías anteriores — ¡Dios tuvo y tiene el control!

Alguien una vez me dijo:

—¿"Cómo estás tan seguro"?

No es cuestión de seguridad; es cuestión de fe. De creer que puede suceder. He visto como Dios ha puesto órganos donde no los había. He visto a Dios levantar a personas de sillas de ruedas, y sanar de muchas enfermedades. Él. Es. Real. Yo no vengo a contarte una historia inventada. Te cuento lo que Dios ha hecho y está haciendo en mí. Dios es tan real como el oxígeno que respiramos, es tan real como el aire que sentimos cada día. Solo es cuestión de creer. Todos los grandes hombres de la Biblia se atrevieron a creer y fueron usados y bendecidos por Dios.

En este libro no solo te hablo de mi vida, sino que también agrego la palabra de Dios y personajes bíblicos para que conozcas más acerca de Dios. Y si tú lo deseas, podrás experimentar su presencia, paz, sanidad, y libertad. Solo es cuestión de abrir tu corazón y decir:

—Jesucristo ven a mí, hazte realidad en mi vida.

> *No es cuestión de seguridad; es cuestión de fe.*

Él.
Es.
Real.

5

Para la gloria de Dios

¡Eso es un regalo!

Ya de regreso en Sonoyta, volví a entrar a la primaria y todo marchaba muy bien. Este es un dato curioso; me encanta el café. ¿Por qué menciono esto? Bueno, después de la cuarta cirugía pasaron los meses y creo que llegamos al año 2000, y regularmente me hacían chequeos generales para ver cómo estaba físicamente. A consecuencia de tanto medicamento los doctores conocían que otros órganos del cuerpo pudieran ser afectados. Me hicieron diferentes estudios, incluyendo uno de los riñones. Al hacerme este estudio se dan cuenta que uno de mis riñones ya casi no funcionaba y el otro riñón estaba prácticamente seco, esto a raíz de tanto medicamento y, para verificar el diagnóstico, los doctores ordenaron dos estudios adicionales.

El resultado era el mismo. Un riñón estaba seco y el otro apenas funcionaba. Si usted tiene conocimiento de lo que sucede y de lo que pasa con una persona que sufre de los riñones, posiblemente diga:

—Este muchacho se la ha de llevar empastillado y en diálisis, y no ha de poder disfrutar de algunas bebidas como el café, soda, etc. Pero no es así. Pues te sigo platicando. La Biblia habla en el libro de Juan en el capítulo 11 de que Jesús tenía un amigo a quien él amaba mucho, y le llega la noticia de que su amigo estaba muy enfermo. Jesús continua su recorrido y no deja de hacer lo que él vino a hacer. Jesús se quedó dos días más en el lugar donde estaba, de ahí sale a Judea, y después de estar ahí dijo: *"Nuestro amigo Lázaro duerme más voy a despertarle"* (Juan 11:11~RVR1960). Ya para entonces Lázaro había muerto, pero en el versículo cuatro cuando recién recibe la noticia él dijo: *"Oyéndolo Jesús, dijo: Esta enfermedad no es para muerte, sino para la gloria de Dios, para que el Hijo sea glorificado por ella".* (Juan 11:4~RVR1960). Mi situación fue de esta forma. Ya Dios había hecho diferentes milagros en mí, pero Dios quería glorificarse una vez más.

Recuerdo perfectamente después del tercer estudio mis padres solicitaron un cuarto estudio. Los doctores decían:

—"Si ya sabemos el resultado, ¿para qué quiere un cuarto estudio?"

Con eso quiero decir que el cuarto estudio se pidió por el siguiente propósito; el hombre puede decir lo que sabe y conoce, pero Dios tiene la

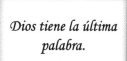

Dios tiene la última palabra.

última palabra. Si te fijas cuando Jesús llegó a la aldea de Marta y María, Lázaro tenía cuatro días de muerto. Y al cuarto día se levantó de la tumba. El cuarto estudio fue más profundo y más específico.

He escuchado de una persona que en una visión fue al cielo y Jesús le mostró varias cosas allá, pero hay algo especial que hay de parte de Dios para sus hijos. A este hombre le pareció muy importante lo que vio en un cuarto en el cielo y le preguntó a Jesús:

—¿"Qué hay en ese cuarto? ¿Por qué se ven órganos humanos ahí"? Jesús le respondió:

—"Esos órganos que tú vez ahí son regalos de Dios para sus hijos, pero sus hijos no piden los órganos que necesitan".

"Y a Aquel que es poderoso para hacer todas las cosas mucho más abundantemente de lo que pedimos o entendemos, según el poder que actúa en nosotros". (Efesios 3:20~RVR1960).

En ese lugar hay corazones, pulmones, hígados, riñones, oídos, ojos, cualquier órgano en tu cuerpo que te falte está listo para ti. El Señor nos dice: *"Pedid, y se os dará".* (Mateo 7:7~RVR1960). Se oró por un tiempo pidiéndole a Dios que él me pusiera los dos riñones nuevos.

Recuerdo exactamente estar en una cama del hospital y la especialista haciendo el estudio y a la vez viendo los resultados de los otros estudios previos y dijo:

—"Esto es raro". Estaba en ese momento conmigo mi hermana Anna y ella preguntó:

—¿"Qué es raro"?

—"Es que en los estudios que se realizaron anteriormente enseñan que un riñón está seco y el otro no funciona bien. Pero en este estudio que estoy efectuando puedo ver dos riñones nuevos y trabajando perfectamente bien". *"Porque todo aquel que pide, recibe".* (Mateo 7:8~RVR1960).

Para ellos fue una sorpresa, pero para nosotros que estábamos confiados en el milagro que Dios haría, no fue sorpresa. Fue el inicio de otro testimonio más que, así como Jesús dijo: *"Oyéndolo Jesús, dijo: Esta enfermedad no es para muerte, sino para la gloria de Dios".* (Juan 11:4~RVR1960). Dios permitió que tres estudios fueran con una respuesta negativa para que no quedara duda de que el Dios que nosotros servimos es un Dios que puede hacer milagros. *"Jesús dijo: yo soy la resurrección y la vida; aquel que cree en mí, aunque esté muerto vivirá".* (Juan 11:25~RVR1960).

Dios se quiere glorificar de una manera sobrenatural en nuestras vidas, pero es necesario creer. Pues al que cree todo le es posible. Una y otra vez, Dios nos ha sorprendido con milagros sobrenaturales. Es por eso por lo que cuando alguien duda de lo que Dios puede hacer, sé que es necesario contar lo que Dios ha hecho y está haciendo en mí. Pues son innumerables los milagros que he visto a través de los años.

6

Cambio sin éxito

Pasaron casi cinco años donde no tuve complicaciones físicas. Lo que sí recuerdo son los dolores de cabeza insoportables constantes, tan fuertes eran los dolores que dificultaban poder hacer algo. Los dolores de cabeza hasta el día de hoy son, en mi opinión, la peor enfermedad que existe.

En mi caso si el dolor de cabeza me empezaba en la madrugada, despertaba con pesadillas donde me sentía atrapado en una jaula y no podía salir, y cualquier ruido ya sea en el sueño o despierto hacía que el dolor aumente.

Ahora si el dolor ocurre durante el día, no puedo hacer mucho, ya que el dolor me quita las fuerzas, las ganas de hacer cualquier cosa, y en varias ocasiones para mí era mejor morir que estar batallando con ese dolor. Pues me hacía sentir como si mi cabeza estaba a punto de explotar.

Hoy en día los dolores de cabeza son menos y más fáciles de soportar y manejar. Más adelante te contaré como es que son los tratamientos para ello.

Durante esos años que viví en Sonoyta, empecé a predicar más seguido ya sea en la iglesia que pastoreaban mis papás o en otras partes, y cuando me tocaba venir a Tucson era para citas con cardiólogos, otros especialistas y mi doctora primaria. Al llegar noviembre o diciembre del 2004, tuve una cita con el cardiólogo y después de esa cita, mi hermana recibió una llamada que le decían:

—"Caleb tiene que estar en Tucson, ya no puede regresar a vivir en México, porque sus arterias no se han desarrollado y necesita estar bajo constante monitoreo".

Desde entonces ya no regresé a vivir a Sonoyta, y me quedé en Tucson a vivir con mis hermanas, a veces con Judith, y a veces con Liz. Recuerdo que en ese entonces los doctores ya habían considerado la posibilidad de hacerme un cateterismo cardíaco que es un procedimiento que consiste en pasar un catéter (sonda flexible) por la ingle con unas cámaras y burbujas para expandir mis arterias, ya que el nivel de mi oxígeno estaba muy bajo. A raíz de eso también mi cuerpo no se desarrollaba como debería. Mis sobrinos, Carlos y Octavio, en ese entonces ya estaban de mi estatura siendo que ellos eran niños y yo un adolescente.

Comenzó el 2005 y recuerdo bien entré a la escuela aquí en Maranatha Christian Academy. Cuando eso sentía que me cuidaban mucho y una mañana cuando estaba alistándome para ir a la escuela la nariz me empezó a sangrar. Yo le dije a mi hermana que era solo sangre que no iba a sangrar más, pero no me permitió ir a la escuela. Ese era en realidad el único día que me sentía animado de ir a la escuela. Era un miércoles y los miércoles había un devocional especial donde había alabanzas y tocaban algunos músicos de la iglesia, y Ángel Moreno me había dicho que yo podía tocar la batería ese día. Tenía tiempo sin tocar con alguien, pues la última vez que toqué fue en una confraternidad de jóvenes donde la banda la formaban jóvenes de diferentes iglesias.

Una de mis más grandes pasiones es tocar la batería. Y esa vez me sentí triste por no poder ir a la escuela. En realidad, no era muy dado al estudio y mucho menos en ese tiempo. Pues mi profesor en la primaria en el sexto grado me hubiera reprobado ya que en diversas ocasiones no le puse nada de empeño. Para ser sincero, nunca me gradué de la primaria; sí de secundaria y de preparatoria. ¿Quizás te preguntarás cómo no te graduaste de primaria? En diciembre no hice los exámenes finales del semestre, y mi calificación no era buena.

Al venir en diciembre para Tucson, me hicieron las pruebas de ubicación estándar para establecer mi nivel de aprendizaje en matemáticas en Estados Unidos. Mi nivel era de octavo grado (es decir, segundo de secundaria), pero como me puse mal en esos días que me sangró la nariz, no terminé ese año escolar porque tuve que dejar la escuela.

Durante esa época casi no salía ya que pasaba la mayoría del tiempo en casa y casi las 24 horas del día tenía que tener oxígeno puesto. Recuerdo que llevaron cinco tanques de oxígeno a la casa de mi hermana, una máquina ruidosa que usaba durante el día y la noche para poder respirar un poco mejor.

Recuerdo bien que no usé el oxígeno durante todo un día. Ese día íbamos a la iglesia al servicio de entre semana y tuve que llevar el tanque de oxígeno. No me daba vergüenza usarlo y mucho menos me sentía mal por ello. La líder de los jóvenes me preguntó cómo me sentía. Le dije que bien pero que me pedían que lo usara alrededor de 16 horas diarias y por no haberlo hecho durante el día tuve que llevarlo a la iglesia.

Llegó el mes de febrero y tuve algunas citas, aunque ya me habían dicho qué pasaría y cuál era el plan. Las citas eran para verificar que todo estaba listo para el cateterismo a finales del mes de febrero de 2005.

En el cateterismo la meta era expandir las arterias para que hubiera más oxígeno en mi cuerpo. Explico: las burbujas

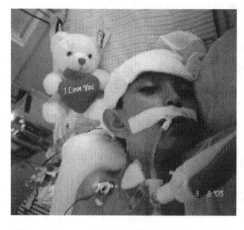

entrarían en mis arterias que van del corazón a los pulmones para que las arterias se expandieran y pudiera haber más flujo de sangre a mis pulmones y así producir más oxígeno para que todo mi cuerpo recibiera oxígeno y también me desarrollaría mejor físicamente. El día del cateterismo recuerdo bien que de tantos nervios que tenía me dieron muchas ganas de entrar al baño cuando ya me iban a preparar para entrar al cateterismo, y también más nervios me dieron cuando el anestesiólogo me quiso hablar en español y dijo:

—"Te vamos a emborrachar", cuando en realidad quería decir te vamos a dormir, pero no sabía decirlo. Llegó el momento del cateterismo y, por consiguiente, me anestesiaron, me hicieron el procedimiento, pero, no funcionó. El intento fue bueno, pero no pudieron expandir las arterias.

"16Acerquémonos, pues, confiadamente al trono de la gracia, para alcanzar misericordia y hallar gracia para el oportuno socorro". (Hebreos 4:16~RVR1960).

7

¡Qué noticia tan inesperada!

P asa el cateterismo y cuando despierto de la anestesia estaban conmigo mis papás, mis hermanas, y en ese momento mi papá hablaba con mi tío Miguel (Chito) y dijo:

—"Va despertando ya Chito, ¿quieres hablar con él? Te lo paso". Me pasaron el teléfono. Te cuento algo antes de seguir con el relato. Al despertar de la anestesia y de la morfina, no sabía dónde estaba, no sabía nada de lo qué pasó, ni cómo salieron los resultados del procedimiento, y hablaba como tartamudo (Igor), un personaje de la *"Parodia"*.

Mi tío me saludó y me dijo:

—"Calencho, ¿cómo te sientes"?

—"Pues voy despertando tío, me duele mucho la espalda".

—"Si es que no te puedes mover tienes que aguantarte ahí acostado hasta que puedas mover la pierna. Oye Calencho, ¿ya sabes que te van a operar"?

—"Mmm, mmm". En ese momento recibí la noticia que menos esperaba.

La verdad es que yo amo a toda mi familia; tíos, tías, primos, primas, abuelos, abuelas, a todos, pero mi tío me dio la noticia sin anestesia. Yo no sabía el resultado del procedimiento, ni cómo quedaron mis arterias. Lo único que sabía hasta ese momento es que no me podía mover, estaba hablando con mi tío Chito y mi familia estaba ahí esperando que yo reaccionara.

Él me dio la noticia que yo no esperaba escuchar:
—"Y Calencho, ¿ya sabes que te van a volver a operar"? En ese momento no supe que responder y me dirigí a mi hermana y le pregunté si era cierto. En ese momento me entró mucho miedo y desde ese instante en adelante yo me desesperaba, porque sentía que algo me iba a pasar. Mi reacción no fue causada por cómo recibí la noticia sino más bien fue la raíz del miedo que sentía ya que esperaba que el cateterismo saliera bien sin necesidad de volver a tener otra operación *a corazón abierto*.

¿Cuántas veces has recibido una noticia que no esperabas y terminas en una depresión enorme por no recibir la respuesta que tú querías? Ese día lloré. Me entró un temor y una desesperación que nunca había sentido y hasta el día de hoy no he vuelto a sentir.

Incluso por el miedo y la desesperación actuaba diferente. Recuerdo una ocasión cuando vivía con mi hermana Liz que me enoje mucho y no recuerdo por qué, pero no me podían controlar. De hecho, le

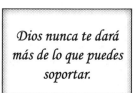

Dios nunca te dará más de lo que puedes soportar.

llegué a pegar a mis hermanas siendo ellas mayores que yo. Les pegué a mis sobrinos, pero lo hice por esa desesperación y temor que tenía. Sentía que pronto iba a morir. Y a veces mis preguntas eran, ¿"si me muero se acordarán de mí"? O, ¿"me llevarán flores a mi tumba"?

Ahora a mirando el otro lado de la situación, a la persona que le hacía la pregunta, ¿cómo se sentiría? Y pensar que podía morir precisamente cuando estaba vivo.

8
Ya no hay salida

Febrero del 2005 fue un mes de muchas cosas en mi vida, claro que es el mes más corto del año, pero fue un mes difícil para mí. Un día mientras mi hermana nos cortaba el cabello a mí y a Octavio, me enojé por razones personales que no quiero comentar. Entré a bañarme y mientras me vestía se me doblaron las rodillas. No perdí el conocimiento, pero fue como si me hubiera desmayado; mi cuerpo simplemente se desplomó. Llamaron a la ambulancia y demoraron para llegar, pero mientras ellos llegaban yo lloré. Era el 27 de febrero que es el cumpleaños de mi hermana Judith y mientras llegaba la ambulancia llegaron mis otras dos hermanas. En ese momento no estaba mi hermano, pero cuando llegó la ambulancia ya todos se encontraban ahí para decirme:

—"Caleb estaremos orando por ti, vas a estar bien". La persona que dijo eso fue la mamá de mi cuñado, y ya en el hospital mis hermanas Judith y Reyna se quedaron conmigo, porque en ese entonces ellas trabajan de noche, y mientras les tocaba la hora de ir a trabajar fueron a estar conmigo. Cuando le preguntaron a mi hermana Liz que había sucedido, ella le comentó al paramédico:

—"Pues acababa de salir de bañarse y mientras se ponía

su ropa se le doblaron las piernas". A lo que el paramédico preguntó:

—¿"Él se baña con el agua muy caliente"?

—"Sí, estaba lleno de vapor el baño".

—"Entiendo, lo que pasa es que el calor del agua y el vapor hacen que el nivel de oxígeno baje en el cuerpo, y es por la falta de oxígeno que se le doblaron las piernas".

De todo el tiempo que estuve en hospitales, nunca me dejaron solo. Cuando no estaba una de mis hermanas estaba mi hermano, y cuando no estaba él, estaba mi papá o mi mamá. Y cuando no les era posible se quedaba alguien de confianza.

Ingresé al hospital ese día y por el tiempo de gripa, enfermedades, virus, etc., no salí del hospital porque mi operación ya estaba programada para el 7 de marzo del 2005 a las 6:00 a.m.

9

En la línea de batalla

M is papás como lo mencioné anteriormente pastorean en México en la Asociación de las Asambleas de Dios. En ese entonces, ellos pastoreaban en Sonoyta. Por razones del ministerio, ellos siguieron un tiempo en aquel lugar, yo no regresé a Sonoyta. En el tiempo que ellos estaban allá y yo acá en Tucson, durante el tiempo de preparación para entregar la iglesia para estar aquí conmigo, hubo algunas cosas que Dios nos permitió ver antes que ocurrieran — una pastora en una de las iglesias tuvo un sueño.

La Biblia dice: *"Porque no hará nada Jehová el Señor, sin que revele su secreto a sus siervos los profetas"*. (Amós 3:7~RVR1960). ¿Qué quiero decir con esto? Hay cosas que no conocemos o entendemos sean buenas o malas. Dios a través de su Espíritu Santo revela misterios, secretos, y nos permite ver cosas que no son conocidas: *"Pero Dios nos las reveló a nosotros por el Espíritu; porque el Espíritu todo lo escudriña"*. (1 Corintios 2:10~RVR1960).

Te comentaba anteriormente que una pastora en Sonoyta tuvo un sueño y veía que estaba toda mi familia y, en ese momento del sueño, veía tristeza en ellos. Miraba a mucha gente y en un momento del sueño ella vio un féretro. En ese momento nadie lo entendía y cuando pasan cosas así, he aprendido que debemos de preguntarle a Dios que es lo que él nos quiere mostrar, o que es lo que está pasando.

Tenemos varios ejemplos en la Biblia donde algunos hombres tuvieron sueños y Dios usó a diversos hombres para revelar el misterio en dichos sueños. El libro de Génesis, capítulo 40 nos narra algo acerca de los sueños y la interpretación de ellos. Dos hombres tienen cada uno un sueño distinto. Ellos al despertar están consternados y confundidos por esos sueños, pues no saben de qué se trata su sueño y mucho menos su interpretación. José entra a su celda y les pregunta que les pasa, y le cuentan a José lo que han soñado. José interpreta los sueños a cada uno de ellos, y tal como José lo interpreta, ocurre.

Más adelante en el siguiente capítulo, el faraón tiene dos sueños, y al despertar la mañana siguiente su espíritu está agitado y se preguntaba que podían significar estos sueños. Mandó a llamar a todos los magos y sabios de Egipto, pero ninguno de ellos pudo interpretar sus sueños. Un hombre a quien José le había interpretado su sueño se recordó de José y se lo hicieron saber a faraón. El faraón mandó llamar a José, y al estar José frente a él le interpreta esos dos sueños. También en el libro de Daniel, capítulo 2, Daniel le interpreta un sueño al rey de Babilonia. Antes de poder interpretar el sueño al rey, Daniel se pone de acuerdo con sus compañeros para pedirle a Dios misericordia sobre el misterio del rey. *¿"Andarán dos juntos, si no estuvieren de acuerdo"?* (Amós 3:3~RVR1960). Los cuatro jóvenes se pusieron de acuerdo y oraron a Dios, y una noche a través de un sueño, Dios le revela el misterio a Daniel. Por lo tanto, Daniel le lleva la interpretación de su sueño al rey Nabucodonosor.

Así como dice Amós 3:3 (RVR1960), se oró poniéndonos de acuerdo con el Espíritu Santo, y se le pidió a Dios que se pudiera dar interpretación al sueño que tuvo la pastora María, días después en una visión una sierva de su iglesia, la hermana Mónica, obtuvo la interpretación del sueño de la hermana María, pues veía en un comunicado que estaba previsto matarme en la cirugía. Entonces se empezó a orar para que Dios cancelara todo edicto del diablo.

Antes de que yo fuera internado en el hospital en febrero, una noche Dios le permite a mi papá tener una experiencia, y antes de contarlo quiero aclarar. Somos humanos, comunes, de carne y hueso, que lloran, ríen, hablan. No hay nada especial en nosotros. Pues lo digo todos los días. Dios es todo. Nosotros no somos nada. Pues si no fuera por él no existiríamos. Hay una diferencia entre las personas que Dios les revela sus secretos y a las que no les revela nada. Dios no tiene favoritos, pero sí íntimos. Lo que quiero decir con ello es que para que Dios revele sus secretos, primero hay procesos que tenemos que pasar como humanos y vivir una vida íntegra en la intimidad. Sí, Dios nos ama a todos por igual, pero en la intimidad con él es donde él revela sus secretos. *"He aquí, tú amas la verdad en lo íntimo, y en lo secreto me has hecho comprender sabiduría".* (Salmos 51:6~RVR1960).

En la experiencia que Dios le permitió tener a mi papá, él cuenta que se miraba dentro del ejército de Dios donde estaban en una guerra muy difícil. En la guerra, él era un sargento del ejército de Dios y está peleando contra el ejército del diablo. Él recibe la orden en esta experiencia que, por ser muy bueno con la pistola, tenía que tirar a las muñecas de los soldados del ejército enemigo, así no tendrían fuerza para sostener sus armas, y así quedarían como rehenes. Los dos ejércitos peleaban mano a mano, llegó el punto donde el ejército de Dios toma a diez rehenes a los que se les habían fracturado las muñecas. El comandante del ejército de Dios dice:

—"Sargento Rubén, usted ha hecho lo que se le ha indicado que hiciere, por tal obediencia en su labor usted será promovido en el ejército de Dios, solo tiene que pasar una última prueba. Estos diez rehenes que están al frente suyo, usted les disparará a sus oídos, les tiene que perforar la parte de abajo del oído a cada uno de ellos, ambos oídos".

Él se ve en esta experiencia disparando a todos estos

rehenes, y a todos les perfora la parte de abajo de los oídos, y el comandante le dice:

—"Ha pasado la prueba, aunque a uno de ellos no le perforó bien el oído porque se movió, pero eso no cambia el resultado, usted será promovido".

Él se ve dentro de la ceremonia de promoción y llega un hermano corriendo a la promoción y dice:

—"Hermano Clark, hermano Clark, ya Dios ha dado la victoria, Caleb no morirá en esta cirugía. Dios tiene todo bajo control, pero pasarán cinco crisis después de la cirugía donde ellos creerán que ya todo está perdido, pero Dios se glorificará de una manera poderosa".

En ese momento mi papá sale de esa experiencia y se levanta de su lugar. Era entre las 5:00 y 6:00 de la mañana, va hacia donde yo estoy dormido y empieza a orar por mí. Pues en esos días yo hablaba como un hombre que ya su sentencia fue firmada y que irá a la horca, con preguntas como:

—¿"Cuándo muera, donde me van a enterrar"?

—¿"Se acordarán de mi cuando yo ya no esté aquí"?

—¿"Me van a llevar flores cuando me muera"?

Mi papá cuenta que al yo hacer estas preguntas mis hermanas no sabían que responder, y no podían decir ni una sola palabra hacia lo que yo preguntaba.

10

La confianza siempre puesta en Dios

No sé si alguna vez has visto como alguien habla como que si su subconsciente le dice que ya va a morir y su forma de actuar es depresiva. Pues así estaba yo. Era como si estuviera siendo preparado para ello, y es que siempre el diablo tendrá planes de mal y no de bien, (Juan 10:10) pues su propósito era que en la cirugía yo muriera. Cuando mi papá sale de su experiencia como te comentaba en el capítulo anterior, fue a donde yo estaba durmiendo y empezó a orar por mí. Mientras estaba orando, empezó a atar y a reprender todo espíritu de muerte. *"De cierto os digo que todo lo que atéis en la tierra, será atado en el cielo"*. (Mateo 18:18~RVR1960). En ese momento en lo espiritual mi papá ve que había una opresión en mi pecho, y al momento de atar y echar fuera todo espíritu de muerte, se desprendió algo de mi pecho y desperté por unos segundos, suspiré y dije —*"qué a gusto"*.

Eso fue antes de que fuera ingresado al hospital el 27 de febrero, pues como lo dije anteriormente, ya no salí del hospital y estaba todo listo para la cirugía que se llevaría a cabo el 7 de marzo de 2005 a las 6:00 de la mañana. Vendrían por mí al cuarto donde estaba internado los anestesiólogos. Al llegar ellos, yo no sentía miedo ni temor porque sabía que todo saldría bien. Durante los días que estuve internado, no podía salir, iba al cuarto de juegos donde pintaba, jugaba, usaba la computadora, y a veces jugábamos basquetbol. Algo que me ayudó mucho para poder sentirme bien, es que pintaba dibujos con pintura de agua con frases como: *"Todo lo puedo en Cristo que me fortalece"*. (Filipenses 4:13~RVR1960). *"Con Dios todo es posible"*. (Marcos 10:27~RVR1960). *"Mi confianza está puesta en Dios"*. (Proverbios 3:5~RVR1960).

Mi hermana Liz me dijo:

—"Cuando venga el cirujano se la enseñas y le dices "mi doctor Dios tiene el control".

El Dr. Jack Copeland, cirujano cardiotorácico, estuvo en todas mis cirugías, de lo que yo recuerdo es que él estuvo a cargo de mi operación desde antes y aún después de ella.

Llegó el momento de ingresar al quirófano. Eran las 5:40 a.m. cuando los anestesiólogos llegaron por mí. Un joven de 13 años estaría dormido a las 5:40 de la mañana, pero yo no, pues la verdad era como si en mi había una ansiedad, no por la cirugía sino porque sabía que Dios estaba en control. Recuerdo en algunos procedimientos ya sean doctores o enfermeros o anestesiólogos me han dicho lo mismo:

—"Mírate, estás bien tranquilo ni te ves nervioso, te vez feliz".

Uno de los doctores una vez se rio y me dijo:

—"Mírate, no parece que seas tú el que tendrá un cateterismo, estoy más nervioso yo que tú".

Y por algunas bromas que ya habían transcurrido en el pasado le dije:

—"Es que cuando salga podré ir a comer pizza". No olvido que soltó una carcajada y me dice:

—"Tú y tu pizza".

Es muy importante siempre saber en quién está puesta tu confianza. La Biblia nos dice: *"Mejor es confiar en Jehová; que confiar en el hombre"*. (Salmos 118:8~RVR1960). Te cuento un dato de la Biblia que muy pocas personas conocen (creo), pues al estudiar teología por unos meses me enteré de algo que me llamó mucho la atención. En el Instituto Teológico Internacional conocí que Salmos 118:8 es el versículo que está en el puro centro de la Biblia, por sus palabras

> *Dios siempre te perdona, siempre te ama, siempre te cuida.*

me pude dar cuenta que ese debe de ser lo esencial de nosotros como personas, saber que es mucho mejor confiar en Dios que confiar en el hombre. Pues el hombre te traiciona, el hombre te falla, y posiblemente no te perdone. Pero Dios siempre te perdona, siempre te ama, siempre te cuida, nunca te deja solo, y tiene grandes planes para ti. *"Porque yo sé los pensamientos que tengo acerca de vosotros, dice Jehová, pensamientos de paz, y no de mal, para daros el fin que esperáis"*. (Jeremías 29:11~RVR1960).

Llegar al punto en tu vida en que tu confianza está puesta totalmente en Dios es increíble. Pues no solo estás seguro de que todo estará bien, al mismo tiempo también sabrás que su presencia te cubre. La Biblia habla algo que siempre tengo muy presente: *"El que habita al abrigo del Altísimo morará bajo la sombra del Omnipotente. Diré yo a Jehová: Esperanza mía, y castillo mío; mi Dios, en quien confiaré"*. (Salmos 91:1-2~RVR1960). Fíjate que dice: *"Esperanza mía, y castillo mío; mi Dios, en quien confiaré"*. Es decir que no es una pregunta u opinión, es una decisión; confiar en Dios es cuestión de una decisión del hombre.

Rumbo al quirófano a las 6:00 a.m., donde lo único que sé es que ya está todo listo para una cirugía más, pues ya después de cuatro cirugías aún existe algunas cosas que siempre se tienen que decir. No solo por reglamento de un hospital, pero por la seguridad del paciente. ¿Riesgos? Sí. ¿Cuáles?

—"Los riesgos siempre existen en cualquier procedimiento, al ser ya la quinta cirugía — *a corazón abierto*. Uno de los riesgos más grandes es que por las cicatrices en el pecho y a su edad puede haber una hemorragia que si no es controlada puede morir. Eso es solo uno de los riesgos, aún hay más riesgos, probabilidades de sobrevivir, riesgos que siempre existen".

Estábamos seguros de que en ese momento ya Dios tenía todo bajo su control, y siempre lo ha tenido. Cuando iba por los pasillos hacia el quirófano, por el pasillo pasan mis hermanas, hermano, y mi mamá y se despiden de mí.

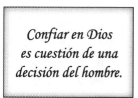

Confiar en Dios es cuestión de una decisión del hombre.

—"Vas a estar bien, vamos a estar orando, no te preocupes, nos veremos cuando salgas de todo esto".

Con lágrimas en los ojos recuerdo estos momentos. Pues, aunque Dios tomó el control e hizo su voluntad aun así siempre existe un pequeño temor. No importa quien seas y que tengas muchas experiencias, ya sea en una penitenciaría por un crimen y decir que no te da miedo nada. No importa, sea lo que estés a punto de atravesar existe temor, ya sea 1% o 0.01% de temor en cualquier situación, pues somos humanos y es fácil que el temor entre a tu mente, ya sea a través del pensamiento, o algo que escuchaste, siempre hay temor.

Llegó el momento de estar dentro del quirófano y no entiendo la razón por la cual siempre he querido estar despierto cuando el cirujano diga, "bisturí" y empiece a hacer su trabajo. La idea en esta operación era expandir las arterias para que hubiera más flujo de sangre y a la vez mis pulmones pudieran tener mayor envío de oxígeno a mi cuerpo. Durante la operación cuando habían pasado alrededor de dos horas llegó una de las enfermeras del Dr. Copeland para decir lo siguiente:

—"Las cosas van bien, pero para poder llegar a las arterias del lado izquierdo del corazón estamos teniendo complicaciones, y necesitamos la autorización de ustedes para poder abrir por el costado izquierdo, ya que sería más fácil llegar a las arterias por ese costado".

Se accede a tal operación y desde que esto pasó yo siempre he pensado, entonces, no son cinco son seis cirugías las que he tenido, pues es por un costado de mi cuerpo, y más cicatrices.

11

Cuando Dios se deja sentir

Finaliza la cirugía, lo que se sabía antes de que yo saliera del quirófano es que las cirugías habían sido un éxito, y que ya pronto estaría rumbo al cuarto donde estaría en recuperación por las próximas semanas, quizás meses. Eso con el tiempo lo sabríamos.

Mi hermana Reyna me comentó acerca de lo siguiente y parafraseo:

Estábamos muy cerca del elevador esperando que te subieran, porque ya nos habían avisado que todo estaba bien y que en unos momentos pasarían contigo por el pasillo. Cuando vi que venían contigo, fui a verte y tus ojos estaban un poco abiertos. Ver las incisiones de la cirugía y lo ensangrentado que estabas me causó tal impacto que estuve a punto de desmayarme, pero me alejé un poquito y seguí detrás de ti hasta donde ya no me dejaron entrar. Podríamos pasar a verte después que te limpiaran y acomodaran en un cuarto del PICU.

Después de un tiempo fuimos entrando poco a poco a

verte; las enfermeras nos recomendaron no llorar, al estar ahí viendo solamente, aguantando las ganas de llorar estando a punto de desmayarme, decidí salir para respirar y tranquilizarme.

Cuando salí estaban ahí mis tíos y tías y ellos querían entrar a verte. Llevé a mi tía Teresa a que te viera; estando ahí ella empezó a rezar el Padre Nuestro y rezos que ella sabe. Después 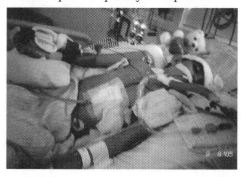 ella salió, nomás estabas ahí acostado y en momentos abrías los ojos, tenías el tubo de la respiración en tu boca, tú querías despertar, pero no te lo permitían pues si bajo la anestesia querías sacarte el tubo, ahora despierto.

Al momento que alguien entraba a la habitación, tú querías hablar y moverte, pero no podías y te decían que te tranquilizaras. Al estar ahí en recuperación, te preguntábamos que si querías que alguien viniera a verte para que te tranquilizaras, y tú respondías ya sea con las manos o con los ojos. En ocasiones poníamos música y, al oírla, a veces llorabas. También poníamos algún tipo de música que no te alterara del grupo el Buen Pastor y de Karina Moreno. Pedías ver al Tallo, pero él no quería entrar porque le daba miedo, entró, pero tú te emocionaste y las maquinas empezaron a pitar, y se salió.

Recuerdo un día que yo estaba ahí sentada nomás mirándote y empecé a preguntarme porque estábamos ahí pasando todo esto, y tú que tantas cosas que habías pasado tratando de encontrar respuesta y no lo podía entender, y así los días se hacían largos al estar ahí en el hospital.

Te empezaste a recuperar y empezaron a sentarte un poquito en la cama y decías que sentías comezón en la espalda y te rascábamos, pero ya tenías mucho tiempo sin moverte. Con el tiempo ya decidieron que te podían quitar el tubo de la tráquea, esa vez lloraste mucho, pues te dolía bastante y no podías hablar. También tenías mucha flema y no recuerdo muy bien, pero tenías flemas o bronquitis y al momento de querer toser, te enojabas porque no podías toser. A nosotros nos daba risa, y tú más te enojabas.

Rubén y yo nos turnábamos para cuidarte en las noches, pues él se quedaba de 8:00 p.m. a 3:00 a.m. y luego iba yo, y así estábamos. En el hospital nos dieron un cuarto para que descansáramos mientras tú estabas ahí. Nunca te dejábamos solo.

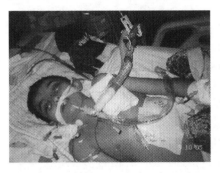

Los doctores venían a verte y a examinar como iba la recuperación, yo no quería dejarte solo en el hospital. Ahí estuve todo el tiempo, ahí me bañaba, ahí dormía, prácticamente ahí vivía contigo. Judith tuvo que sacarme, porque ahí ya hasta me dolían mucho los ojos, aunque yo no quería dejarte solo.

Así seguía pasando el tiempo, en ocasiones llevamos la cámara de la Judith para poderte tomar video para el testimonio. Ya había pasado alrededor del mes o un poco más, cuando ya podías moverte y con una andadera te ponían a caminar para que recuperaras el balance. Ellos pedían que caminaras despacio, pero tú querías hacerlo rápido (corriendo las

cosas). Todo lo estabas haciendo muy bien, poco a poco, pero bien ahí la llevabas. Un día la Liz llevó a los chamacos, al Joel,

Maritza y Karen, y esa vez te llevamos para afuera en la silla de ruedas. Al paso del tiempo te transfirieron del PICU a cuidados primarios. Ahí ya podíamos ir al cuarto de juegos, y también podían ir el Carlitos, el Tallito, el Jay y el Isaac y los llevaba para que jugaran. Pasaron muchas cosas, algunas no las recuerdo, pero fueron tiempos difíciles y, gracias a Dios, tú mejoraste mucho.

"Respondió Jesús y le dijo: "lo que yo hago, tú no lo comprendes ahora; mas lo entenderás después". (Juan 13:7~RVR1960). Un día en la casa de mi hermano Rubén, yo me sentí desesperado a causa de una situación por la que estaba atravesando, y me sentí como que ya no podía más, estaba desesperado, pues frente a mí tenía una situación difícil que no sabía porque estaba ocurriendo, y a la vez en esos meses tuve algunas complicaciones físicas que sentí que lo que estaba sucediendo en ese preciso momento como se dice por ahí, *"era la gota que había derramado el vaso".* Entonces, le subí el volumen a mi estéreo lo más alto que pude, me metí en el baño y grité, *¿Dios por qué, por qué Dios?* ¿Qué no fueron bastante las seis cirugías, ahora esto? Yo ya no puedo más; estoy en el punto más bajo, ya es suficiente Dios. Por favor si me amas, que esto se acabe en este mismo instante". Lloré por unos minutos. Me desahogué delante de Dios y respiré tranquilo. *"Clama a mí y yo te responderé y te enseñaré cosas grandes y ocultas que tú no conoces".* (Jeremías 33:3~RVR1960). Ahora, ¿por qué te cuento esto?

Mi hermana Reyna al momento de comentarme esto y decir que "al estar ahí en el cuarto esperando y preguntándose por que había sucedido todo eso si yo ya había sufrido mucho, ¿por qué Dios lo volvió a permitir"?

Recordé este texto que Dios me dio una noche que miraba estados en el Facebook, sí leíste bien; Dios me habló por medio de Facebook. Sé que posiblemente saldrá un religioso estilo maestros de la ley que diga que esto es una blasfemia. Pero, Jesús al ir a Jerusalén y hay gente que lo está recibiendo y hay un alboroto y a los maestros de la ley no les gusta. Cuando Jesús está delante de los maestros de la ley y ellos en realidad no soportan ver lo que está sucediendo, ellos le dicen: *"Maestro reprende a tus discípulos. Él respondiendo, les dijo:»Os digo que, si estos callaran, las piedras clamarían«"*. (Lucas 19:39-40~RVR1960).

Si el hombre calla para hablar la palabra de Dios, Dios usará hasta lo más insignificante para hablar. Mientras miraba estados y fotos en Facebook, alguien, no recuerdo quien, compartió un versículo de la Biblia, el versículo estaba en inglés y al leerlo no entendía el versículo. Lo busqué en diversas versiones de la Biblia en inglés y en español. Cuando lo logré entender, me solté llorando y le pedí perdón a Dios. Esa noche pude entender que Dios permite que las cosas sucedan por una simple y sencilla razón: él se quiere manifestar y cuando él se manifiesta muchos son bendecidos a través de su gran poder.

Durante el tiempo que yo estuve en coma pasaron algunas cosas, pues como conté, en la experiencia que tuvo mi papá, todo saldría bien porque ya Dios había tomado el control. Pero, Dios permitiría cinco crisis donde los doctores llegarían a la conclusión que no habría remedio, pero ahí Dios se volvería a glorificar, de una de esas crisis comenta mi papá que trajeron la máquina para resucitación a través de choques eléctricos, después de varios intentos, no podían lograr que mi corazón trabajara bien y los doctores dijeron "ya todo está perdido". Salieron del cuarto y cuando ellos salieron, mi corazón volvió a trabajar normalmente. En una de esas crisis, se dieron cuenta que mi oxígeno estaba un poco más bajo de lo que debería, y al darse cuenta los doctores tenían que hacer algo para revertir esa situación. En mi pulmón izquierdo había mucho líquido, entonces me pusieron un tubo debajo de mi brazo izquierdo para extraer el líquido que se había acumulado en mi pulmón. El día que pudieron remover el tubo de mi costado hicieron lo que más me ha dolido. La enfermera dijo:

—"A las tres voy a jalar del tubo; 1, 2", no recordó el 3, y simplemente jaló el tubo de mi costado. Sentía un dolor muy fuerte e intenso en mi costado. Lloré del dolor alrededor de 10 minutos, y hasta el día de hoy tengo dormido esa parte de mi costado y brazo.

Hubo una noche donde mi papá se quedó conmigo en el cuarto, y esa noche entró una enfermera, hizo lo que tenía que hacer y salió. Luego entró otra enfermera a buscar algo, después un doctor, y así empezaron a entrar diferentes personas que la verdad no entraba porque necesitaban algo del cuarto o para verme, sino que algo estaba pasando en aquel cuarto de hospital. Al día siguiente mi papá consternado por tanto movimiento que sucedió durante la noche le pidió a mi hermana que preguntara que había pasado durante esa noche, ¿por qué entraba y salía tanta gente del cuarto? Cuando mi hermana regresó, tenía una sonrisa en sus labios y dijo lo siguiente:

—"Pa no se preocupe, anoche lo que sucedió es que cuando la enfermera entró traía un dolor muy fuerte, al entrar a esta habitación sintió como el dolor se fue de su cuerpo. Ella se lo contó a otras personas, esas personas, también teniendo algún problema o dolor, vinieron al cuarto, al entrar esas personas quedaban sanas. Dicen que, al entrar en esta habitación, se siente una paz, hay algo muy bonito, es por eso por lo que anoche las personas entraban y salían, porque aquí hay algo especial".

Entraron doctores, enfermeras, inclusive hasta pacientes de otros cuartos entraban a mi habitación, porque ahí había algo especial y sin dudarlo estoy 100% seguro que era el Espíritu de Dios. *"Porque el Señor es el Espíritu; y donde está el Espíritu del Señor, allí hay libertad"*. (2 Corintios 3:17~RVR1960).

Me dieron el alta del hospital a mediados de abril, y cuando salí se me hizo la invitación a ir a predicar a la iglesia Comunidad de Amor aquí en Tucson, Arizona, para un servicio del Día del Niño. Después recuerdo prediqué en la iglesia Centro Cristiano Nueva Creación. Por los próximos años, todo fue excelente; iba a los chequeos médicos, regresé a los estudios, entré a Challenger Middle School (escuela secundaria) en agosto del 2005. Salí de esa escuela y entré a Wakefield Middle School (escuela secundaria). Todo iba muy bien con mi salud, gracias a Dios, sin complicaciones y sin problemas.

En una ocasión durante una cita con el cardiólogo, el Dr. Brant Barber, al él chequear mi oxigenación, recuerdo que se sorprendió porque por primera vez en toda mi vida mi nivel de oxígeno estaba en más de 90% que era algo que nunca había visto en mi. Él estaba sorprendido y yo también.

12
La fe produce paciencia

En diciembre del 2007, sucedió algo que nunca me había ocurrido. Yo estaba en la clase de computación en la preparatoria, y estábamos haciendo los exámenes finales del semestre. En ese momento se me nubló la vista, empecé a ver borroso, me ardían los ojos, y rápidamente se me empezó a dormir el lado izquierdo de mi cara. En ese momento no sabía que pudiera ser, a los minutos ya no era solo mi cara, era también la mitad de mi lengua, la mitad de mi encía, y seguía con la molestia en mis ojos. Ya habían pasado alrededor de 15 minutos, decidí irme a la enfermería, le dije los síntomas, me hizo leer la tabla optométrica para examinar mi vista, y no podía leer las letras. De ahí les hablaron a mis papás para que fueran a recogerme a la escuela.

Cuando llegaron por mí basado en los síntomas y que algo así nunca me había sucedido, me llevaron a emergencias. Después de varios estudios médicos y bastantes horas en espera de resultados, se da la noticia que lo que me había sucedido era una mini embolia cerebral (ataque isquémico transitorio-AIT).

¿Cuál fue la causa, motivo, razón, o circunstancia de que tuve una mini embolia cerebral? Pues los resultados mostraban que había un coágulo en mi cerebro y eso provocó la mini embolia, por tal problema, se determinó a través de chequeos de sangre, los resultados mostraban que mi sangre estaba muy gruesa, y mis arterias muy delgadas. Para poder explicar de forma más específica y con una definición médica; ya que todo se me fue dicho en inglés y hasta el día de hoy no he podido traducirlo de forma explícita. Gracias a una persona pude recibir la información adecuada en español. El nombre original es "tiempo de protombina" (TP) que es un análisis de sangre que mide cuanto tiempo tarda en coagular la sangre, eso determinará si hay hemorragias, o si algún medicamento ayudaría para prevenir que se acumulen los coágulos en la sangre. En otros términos, otra prueba que se puede reconocer para los coágulos es llamada "tiempo de tromboplastina parcial activada" (TTPa). Para poder prevenir la acumulación de coágulos en mi sangre o que volviera a ocurrir otra mini embolia cerebral, me dieron un medicamento anticoagulante que solo se administra a través de inyección, dos veces al día, los siete días de la semana. La inyección sólo podía ser aplicada en dos áreas del cuerpo — en el estómago al costado del ombligo, o en la parte posterior del brazo. Por todo un largo tiempo me estuve inyectando.

Al principio mi mamá me inyectaba, pero en esos tiempos a veces me iba los fines de semana a la casa de mi hermano o a la casa de mi hermana para pasar tiempo con mis sobrinos o con mi amigo Obed, el cuñado de mi hermano. A veces no me daban permiso porque tenía que ponerme la inyección, así que decidí perderles el miedo a las agujas y empezarme a inyectar yo solo.

Después de un largo tiempo con una neuróloga se preparó las referencias médicas y todo lo necesario para que me hicieran un estudio más profundo para tener más claro lo que sucedía, y si posiblemente habría una mejor solución.

En esos años me mandaron directo a Phoenix, Arizona, pues en Tucson no me podían hacer el estudio que se necesitaba hacer para determinar cual fuera la mejor solución y establecer exactamente cuál era la raíz del problema.

Caleb Josué Clark

Cuando llamaron a mi casa para preguntar y hacer los preparativos necesarios para el estudio, yo contesté el teléfono:

—"Bueno".

—"Sí, buenas tardes, ¿me podría comunicar con la mamá de Caleb Clark"? (La persona hablaba inglés).

—"Mi mamá no habla inglés, ¿en qué le puedo ayudar"?

—"Usted, ¿quién es? Necesito hablar con alguien acerca del estudio que se realizará en Caleb aquí en Phoenix".

—"Yo soy Caleb, si quiere yo puedo responder sus preguntas y también recibir la información que usted tenga para mí".

—¿"Usted es Caleb"? (Suena un poco sorprendida.)

—"Sí, ¿dígame en que le puedo ayudar"?

—"Tengo entendido que has tenido cinco operaciones —a *corazón abierto* y, por consecuencia, hay algunas preguntas que necesito hacerte. Necesito saber cómo vendrás, y la primera pregunta es, ¿usas silla de ruedas"?

—"No, no uso silla de ruedas, camino e iremos a Phoenix en una Dodge Durango".

—"Entiendo, (su tono se escuchó sorprendido otra vez). Entonces, las siguientes preguntas que tenía no te las preguntaré, pero sí tengo que hacerte saber que es un estudio donde te meterán una cámara por tu ingle. Esa cámara subirá por tu arteria hasta tu cerebro y eso puede durar muchas horas. Por consiguiente, necesitamos hacerte saber que no podrás estar sentado después del estudio, así que en el vehículo que vayas a regresar a Tucson tienes que ir lo más acostado posible. Si es necesario dependiendo como termine el estudio, posiblemente tendrás que pasar la noche en el hospital y al día siguiente regresar a Tucson".

—"Sí, entiendo, muchas gracias. ¿Alguna otra pregunta o algo más que necesite saber"?

—"No, ¿tú tienes alguna pregunta"?

—"No, muchas gracias".

—"Gracias a ti, bye" (adiós).

El día del estudio llegué a la sala de espera; mi hermana Liz fue conmigo y hablamos con la persona que estaba en el control y hace la siguiente pregunta:

—"¿Dónde está Caleb"?

—"Yo soy él, respondí". Un poco asombrada nos dio un "buscapersonas" que cuando están listos para atenderte empieza a vibrar. Empezó todo lo que me iban a hacer y todos los que les tocaba atenderme se sorprendían. Por mi historial médico todos esperaban a un joven que fuese un vegetal, pero gracias a Dios no era así. Me hacen el estudio, salgo bien, los resultados se mandarán a una neuróloga especializada en Tucson y luego recibiría los resultados.

Cuando recibí el resultado por medio de la neuróloga era el siguiente:

—"El problema es que en tu cerebro hay una arteria que por el espacio en donde está es muy reducido y tu sangre es muy gruesa. Cuando se te forma un coágulo en la sangre al querer ir a tu cerebro por esa arteria se queda ahí, y es lo que hace que tengas las mini embolias cerebrales (ataque isquémico transitorio-AIT). El único remedio definitivo que se pudiera hacer en este caso es operar, lo que requiere abrirte por arriba de tu oído, cortar la arteria y ponerla por un hueco con más espacio en tu cerebro para que ya no tengas este problema. Pero, apenas estas en el desarrollo, y esta cirugía no sería conveniente hasta que cumplas alrededor de 24 a 25 años. Por lo pronto tendrás que seguir inyectándote dos veces al día".

Bueno por los siguientes 10 años tendría que estarme inyectando 365 días del año, dos veces al día. Eso no es de Dios. En el 2009 gracias a Dios, me prescribieron un medicamento anticoagulante o, dicho de otra manera, un diluyente de la sangre para evitar la formación de coágulos. Los especialistas estaban en un dilema, porque con este medicamento sería más difícil vivir, pues tendría que hacerme un análisis de sangre regularmente para revisar que la dosis prescrita que tomo todavía es la adecuada de acuerdo con mis necesidades. Ya tengo los 25 años. Nunca se ha vuelto a mencionar la operación para mover la arteria de lugar. Y los síntomas de la mini embolia cerebral han sido olvidados.

En la Biblia dice: *"Hermanos míos, tened por sumo gozo cuando os halléis en diversas pruebas, sabiendo que la prueba de vuestra fe produce paciencia".* (Santiago 1:2-3~RVR1960). He aprendido a ser paciente, porque después de estar inyectándome por varios años y pasar muchos años yendo a hospitales por emergencias, para pruebas, ingresado para cirugías, etc., fui paciente, pero de hospital. Hoy puedo decir que soy paciente en las situaciones de la vida, y aprendí que mi fe tiene que siempre estar intacta. Nunca dejar que mi fe disminuya y mucho menos se debilite.

13

Un motivo más

En el 2016 empezó a suceder algo en mi cuerpo y no sabía la razón por la cual esto estaba sucediendo. Mi nivel de oxígeno empezó a descender lentamente. (así como estaba descendiendo Chivas (Club Deportivo Guadalajara). Bueno, eso fue para que los conocedores de futbol entendieran como es que mi oxígeno descendía.

En junio del 2016, vino mi hermana Anna de Shreveport, Louisiana donde ella vive con su familia. Yo estaba viviendo en Tucson con mis papás, y sentía el deseo de ir a conocer más allá donde ellos viven. Me fui a Louisiana con ellos y el viaje en carro es de aproximadamente 20 horas, menos si no tomas descanso. Estuve allá alrededor de tres meses con ellos y llegué a conocer más a mis sobrinos, pues desde que ellos nacieron han vivido allá y solo en las vacaciones o en diversas circunstancias los hemos podido ver y convivir con ellos.

Mi sobrino Jonathan estuvo internado a lo largo del

tiempo que yo estuve allá, y poco menos fue el tiempo que conviví con él. Él estaba internado en Nuevo Orleans mientras que nosotros estábamos en Shreveport por motivos del trabajo de mi cuñado Jesse, y porque el año escolar ya estaba por comenzar. Después de un mes de haber estado hospitalizado Jonathan, fue dado de alta.

Decidí quedarme con ellos por un tiempo más, pues ya pronto Jonathan cumpliría años y sería la primera vez que yo

estaría con ellos en el cumpleaños de uno de ellos. El día 22 de septiembre regresé en avión a Tucson. Me subí a un avión por primera vez ya que por causa de mi corazón y mi nivel de oxígeno siempre se me había comentado que debía de tener cuidado si algún día subía a un avión. Se me hizo una experiencia muy agradable, llegué a Tucson, estuve unos días con mi familia, y la tercera semana de septiembre tuve algunas citas médicas ya que por un buen tiempo no me habían atendido. El doctor encargado de monitorear mi sangre me preguntó acerca de mi viaje y como me había sentido en todo ese tiempo. Le comenté que todo estuvo muy suave, y que había estado bien de salud, gracias a Dios. Él respondió:

—"Tengo entendido que Louisiana está solo alrededor de 300 pies sobre el nivel del mar, y estoy seguro de que eso ayudó a que tus niveles de oxígeno y tu sangre estuvieran bien. Deberías de considerar la opción de vivir en un lugar que esté más cerca al nivel

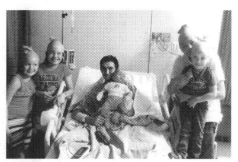

del mar. Tucson no baja de 1000 pies y por eso posiblemente tienes complicaciones en ocasiones".

En el mes de noviembre empecé a tener dificultad para respirar, por lo que un día decidí ir al hospital, no sé cómo, pero yo presentía cual podría ser el problema, pues esa fue la razón por la cual me operaron en el 2005; en el hospital me hicieron estudios.

Anteriormente yo había comentado los síntomas con mi cardiólogo y también ya había tenido estudios,

pero nunca recibí los resultados y mucho menos había tenido cita para buscar un plan que me ayudara con el problema que estaba teniendo.

Los resultados se me dieron a conocer:

—"Resulta que tus arterias pulmonares no están mandando suficiente oxígeno a tus pulmones, por ende, tampoco hay suficiente circulación de oxígeno en todo tu cuerpo. Tus músculos no reciben el oxígeno que necesitan, tampoco tu cerebro, y eso hace que tus niveles de glóbulos rojos se eleven tan seguido, y tengas que estarte sacando sangre una vez al mes".

Alrededor del 2012 mi nivel de sangre estaba controlado, pero por lo que expliqué en el capítulo 4, la "tetralogía de Fallot" es una condición cardíaca congénita que implica cuatro anomalías que ocurren juntas, incluyendo un septo defectuoso entre los ventrículos y estiramiento de la arteria pulmonar.

Es decir, cuando mi corazón bombea sangre tiene la función que reproduce los glóbulos rojos más de lo que un corazón normal lo hace. El hematólogo (especialista en la sangre) me explicó lo siguiente:

—"Como indicado anteriormente, el rango normal de glóbulos rojos de una persona como tú debe ser de entre

4.0-5.5 millones (células por microlitro) de glóbulos rojos en la sangre, pero a raíz de tu tetralogía, tu sangre se reproduce más de lo normal y para ti el nivel normal de glóbulos rojos es de 5.6-6.1 millones (células por microlitro) de glóbulos rojos. Si ese nivel sube más de eso, hay otras complicaciones que pueden ocurrir como una embolia cerebral, un ataque isquémico a causa de tantos glóbulos rojos y tú estás propenso a que tengas un coágulo en la sangre que puede resultar en parálisis cerebral".

También, el capítulo 12 relata que lo que me sucedió fue por lo mismo. Pero a lo que quiero llegar es que, porque mis glóbulos rojos se producen de más, una vez cada dos a tres meses a mí me sacaban una cantidad específica (500 mililitros) de sangre, ya que mi corazón la está reproduciendo más de lo que debe.

Pero a raíz de que mi oxígeno estaba bajo, tampoco tenía suficiente oxígeno en la sangre. Los doctores sabían que el problema era grave, pues mi oxígeno no estaba ni a 70%, mucho menos a 80%. A lo más alto que llegaba en esos días y, porque yo respiraba profundo, era a 68%. Eso ya es grave. Fui a una cita con el Dr. Michael Seckeler, cardiólogo, y me agradó que antes de decirme esto es urgente y lo que se necesitaba hacer, él me explicó los detalles de la siguiente forma:

—"La opción que mejor conviene en estos casos es hacer un cateterismo, donde entraríamos por la ingle con una cámara y una malla expandible (stents) que ensancharían tus arterias. Sería muy bueno expandir las arterias por dos milímetros. Intentaré expandir más para mejor flujo de sangre, pero no quiero arriesgar que la arteria explote o colapse. Prefiero hacerlo con paciencia y estar seguro de que todo esté bien. Solo se haría el lado derecho del corazón, pues no quiero tener que entrar al lado izquierdo ya que eso sería muy complicado y riesgoso. Pues la mayoría de tus cirugías han sido por el lado izquierdo y no sería conveniente mover algo ahí".

El plan a mí me parecía perfecto. Sentía que estaba muy bien de la forma en que él me lo había explicado, pero a mí lo que más me importaba era que mi mayor anhelo era poder tocar la batería como lo había hecho años atrás. Pues hubo un tiempo donde yo podía tocar la batería sin cansarme y sin que mi cuerpo me lo impidiera. Pero a raíz de que mi oxígeno estaba más bajo que lo normal podía tocar una sola canción por menos de dos minutos y ya mi cuerpo se debilitaba.

En ese entonces estaba aquí en Tucson un amigo que conocí en el 2015 que toca la batería con la banda Vertice de Puebla. A veces él y yo nos turnábamos para tocar la batería en la iglesia donde asisto. Él me dijo un viernes en el ensayo:

—"Mira bro, quiero que tú toques todo el servicio para yo poder tocar la guitarra y cantar". A lo que yo le respondí:

—"Sería padre man, pero mi cuerpo no me da para más de dos minutitos".

Era un domingo de aniversario en nuestra iglesia y ellos tocaron la alabanza. Para la ofrenda, mi hermano me pidió que subiera a la plataforma para que tocara durante la ofrenda y la adoración. Accedí a eso, pero, al momento que empecé a tocar la canción, sentí que me faltaba el oxígeno a la vez que de poco a poco mis músculos comenzaron a quedarse sin fuerza. Empecé a pedirle a Dios que tuviera misericordia de mí, que, aunque sea, pudiera terminar con esa canción, pero no pude porque ya no había oxígeno en mis músculos y empecé a tener dificultad para respirar, por lo que me detuve en seco. Todos me voltearon a ver y con la cabeza les señalé que ya no podía seguir. Perdí toda la fuerza en mi cuerpo y también sentía que me iba a desmayar, me sentía muy mareado. Empecé a preguntarle a Dios porque no podía tocar, y también pensé en ese momento decir: "Tú eres grande Dios, Dios tú eres grande" y pensé que debíamos seguir tocando y tocar la canción "Cuan grande es Dios". Pero, ellos no querían que me pusiera mal de nuevo.

Esa noche no podía dormir, pensando y haciéndome yo mismo preguntas sin encontrar respuestas hasta que me puse a orar. Y le dije a Dios:

—"Papi, ¿qué está pasando? ¿Por qué no puedo hacer lo que me gusta hacer para ti"? En ese momento, Dios me abrazó y empecé a escuchar su dulce voz en mi corazón que me decía:

—"Vuelve a confiar en mí". Yo respondí:

—"Sí, yo confío en ti, Dios yo confío en ti". Y él respondió:

—"No estas confiando en mi como antes confiabas, pues desde que empezaste a tener problemas, tu confianza en mí disminuyó". En ese momento le pedí perdón a Dios por no confiar en él cómo debía, y recordé algunos versículos de la Biblia que desde que los leí por primera vez me los aprendí de memoria. Uno de ellos era Salmos 118:8 (RVR1960) que dice: *"Mejor es confiar en Dios que confiar en el hombre"*, y también Salmos 37:3-5 (RVR1960): *"Confía en Jehová y haz el bien; y habitarás en la tierra y te apacentarás de la verdad. Deléitate así mismo en Jehová y él concederá las peticiones de tu corazón. Encomienda a Jehová tu camino, y confía en él; y él hará".*

Después de un tiempo de estar pensando en lo que Dios estaba poniendo en mi espíritu y meditar en ello descansé, seguí teniendo problemas con mi respiración y con lo que había estado pasando en mi cuerpo, pero eso no me impidió adorar y confiar en Dios pues sé que él tiene el control en todo. Un lunes en el servicio de oración yo estaba orando y escuché como Dios me habló a mi espíritu y me dijo:

—"Dame gracias por todo". Obedecí lo que él me pedía y empecé a decir:

—"Dios te doy gracias por todo, porque sé que tú tienes el control de lo que esté pasando en mí y a mi alrededor, te doy gracias por la enfermedad porque en la enfermedad yo sé que tú eres Jehová-Rapha, mi sanador, te doy gracias por la escasez, pues sé que tú eres Jehová-Jireh, mi proveedor. Gracias Dios por todo, gracias Dios, gracias, gracias".

El día de dar gracias estaba en la casa de mi hermana Liz y le comentaba mi mamá a mi hermana que durante el día batallé mucho para respirar y todo el día respiraba con dificultad. Y ellas me insistían que fuera al hospital, porque eso no estaba bien. La verdad tenía razón que tenía que ir al hospital. Pero yo no quise y desistí de ir al hospital y era mejor esperarme pues ya el 6 de diciembre me harían el procedimiento para expandir mis arterias.

El 6 de diciembre a las 6:00 de la mañana yo tenía que estar en el hospital y así fue. Llegué al hospital a tiempo y fui a donde tenía que ir. Mis papás estaban conmigo y oramos dejando todo en las manos de Dios. Me prepararon para llevarme al quirófano y, aún no sé por qué, pero siempre me gusta hablar con los médicos, enfermeros y anestesiólogos mientras me preparan. Algunos de ellos dicen que les sorprende que no me da miedo, pero tengo una muy poderosa razón para no tener miedo. Yo siempre pongo todo en las manos de Dios. Cuando ya estaba todo listo me administraron la anestesia tras un gas con oxígeno, se me empezaron a cerrar los ojos y de ahí ya no supe más de mí. Cuando desperté poco tiempo después tenía mucho dolor en la garganta, y muchas ganas de ir al baño, la enfermera que estaba cuidándome, me dio hielo para el dolor de garganta, pero sentía un dolor muy feo. Me quedé dormido pues la anestesia aún me hacía efecto, cuando desperté estaban Reyna y Liz conmigo y yo de cariño le pegué a Liz, y me dicen:

—"No te hicieron nada mijo, no pudieron ponerte el tubo de la respiración en la garganta y el doctor canceló todo". En ese momento pues pude saber por qué me dolía la garganta.

Después de unas horas y llevarme a recuperación, el Dr. Seckeler vino y me explicó:

—"No pudimos colocar el tubo de respiración en la tráquea (conducto que va de la garganta a los pulmones), y yo prefiero no arriesgar nada y tener en cuenta tu salud. Por eso preferí mejor cancelar todo y hacerlo en un futuro cuando tú estés mejor y no pueda haber complicaciones".

Me dieron la cita nueva para el 13 de enero del 2017. Mi hermana Reyna me dijo después de que yo seguía teniendo complicaciones sin que las cosas se resolvieran:

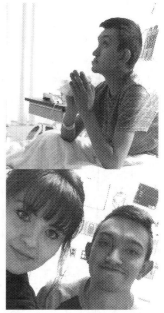

—"¿Estás seguro de que quieres que te hagan el procedimiento? Pues es que ya el día que lo intentaron por algo no pudieron, a lo mejor Dios no quiere que te hagan esto".

Recuerdo que le respondí:

—"No sé, pero confío en Dios y pongo todo en sus manos y sucederá lo que él quiera que suceda".

Me acordé de algo que dijo Job: *"He aquí, aunque él me matare, en él esperaré"* (Job 13:15~RVR1960).

Pasó la Navidad y Año Nuevo, y llegó el día de que me harían el procedimiento. El doctor volvió a recordarme lo que

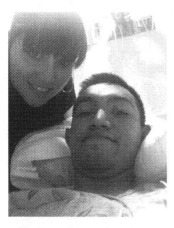

dijo cuando se hizo el plan de lo que estaba a punto de suceder. De nuevo se oró, y mientras mi papá y mi mamá oraban en voz alta, yo decía en mi mente: "Dios gracias, Dios tú eres grande, hermoso, maravilloso, y sé que todo está bajo tu control, no importa lo que suceda, mi confianza está puesta en ti, y sé que tú harás tú perfecta y divina voluntad". Todo salió bien, gracias a Dios, de nuevo todo salió bien, siempre salían las cosas bien y todo es gracias a él.

El 11 de octubre del 2017, tuve una cita con el cardiólogo,

el Dr. Scott Klewer, y después de preguntas y respuestas y hablar de cómo estaban todas las cosas, ya para terminar con la cita me dice:

—"Tengo que decirte, después de las últimas dos veces que te vi que fueron mientras estuviste en el hospital, hoy veo que has mejorado demasiado, pues tú oxígeno está bien, tú corazón está bien, estás muy bien, y te vez muy bien".

Para ser sincero no esperaba escuchar esto. Lo único que pude decir es "gracias" con mucha alegría, pero en mi mente y mi espíritu había agradecimiento para el más grande y más importante — Dios. Ese día en nuestra congregación toqué la batería y en algún momento de estar tocando sabía que solo Dios es quien hace las cosas. Terminamos de tocar una canción y empezamos a tocar una segunda canción que la verdad no sabía, y en ese momento entró un temor en mi pensando, ¿podré seguir tocando? Y mi pregunta fue hacia Dios. Y de una forma tan especial pude escuchar que me decía: *"Bástate en mi gracia; porque mi poder se perfecciona en tu debilidad"*. (2 Corintios 12:9~RVR1960). Sentí un calor que recorrió mi espalda y seguí tocando, para mi sorpresa no sentí cansancio, no sentí dificultad para respirar o falta de energía, solo sentía un calor en mi cuerpo y le seguí dando gracias a Dios el resto de ese día y hasta el día de hoy.

Después de más de un año con dificultades en mi cuerpo, esa semana pude ver que cuando confías en Dios y dejas todo en sus manos, él hace lo imposible.

"Dando siempre gracias por todo al Dios y Padre, en el nombre de nuestro Señor Jesucristo". (Efesios 5:20~RVR1960). ¿Sabías qué

hay miles de motivos para darle gracias a Dios? Pues te mencionaré varios de los cuales yo estoy agradecido. La Biblia

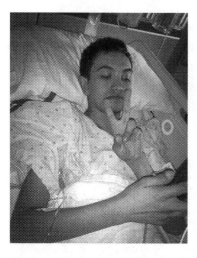

dice: *"Y me dijo: Profetiza al espíritu, profetiza, hijo de hombre, y di al espíritu: Así ha dicho Jehová el Señor: Espíritu, ven de los cuatro vientos, y sopla sobre estos muertos, y vivirán".* (Ezequiel 37:9~RVR1960). La forma en la que nosotros vivimos es que Dios provee el oxígeno, si Dios decidiera cortar tu oxígeno, no vivirías, pues ahí tienes un motivo para darle gracias a Dios. Otro motivo es: *"Yo me acosté y dormí, Y desperté, porque Jehová me sustentaba".* (Salmos 3:5~RVR1960). Dios es quien nos sustenta y él nos da la vida, cuando nosotros despertamos cada mañana no es porque el gallo cantó, no es porque la alarma te despertó, no es nada de lo que tú crees que es. Pues el gallo puede dejar de cantar, la alarma puede dejar de sonar, pero Dios no deja de ser. Y él nos sustenta de día y de noche.

"Bendice, alma mía, a Jehová, Y bendiga todo mi ser su santo nombre". (Salmos 103:1~RVR1960). Muchos de nosotros gozamos de habilidades y talentos que posiblemente alguien desearía tener. Y aun así nosotros a veces pensamos que no hay motivos para darle a Dios lo mejor de nuestra vida.

Hay miles de motivos por los cuales debemos de darle gracias a Dios. Hay 365 días en el año. En los últimos 25 años, Dios cada día ha tenido misericordia de mi vida. Al igual que contigo, Dios ha tenido de ti misericordia desde el día que naciste. Un motivo más que dejo en tu mente es el siguiente: *"Con amor eterno te he amado; por tanto, te prolongué mi misericordia".* (Jeremías 31:3~RVR1960).

Sé que Dios puede abrazarte donde quiera que estés, él está dispuesto a hacer algo especial en tu vida, al momento que tú le abres tu corazón y dejas que él te abrace, experimentarás su dulce presencia y no serás el mismo. Pero, primero debes abrir tu corazón y rendirte delante de él.

> *Experimentarás su dulce presencia y nunca serás igual.*

> *Dios siempre está tan cerca como la mención de su nombre.*

14

Contaré las obras de Jehová

Hubo tiempos donde yo fui al hospital por problemas en mi corazón y en mi sangre, pero no los mencioné por el siguiente motivo — negligencia de mi persona. Yo estoy consciente de que, si yo no cuido mi cuerpo, mi cuerpo lo expresará. Es lógico. Si tú plantas un árbol, pero no lo riegas a su debido tiempo, el mismo árbol lo expresará, y tú verás que se pondrá pálido y empezará a secarse. Pues en ocasiones yo decidía no tomarme el medicamento como debía, y a los días me ponía malo y terminaba en una sala de emergencias u hospitalizado. Pero no fue que Dios lo permitía para él glorificarse, sino que yo mismo con mis acciones terminaba poniendo en riesgo a mi cuerpo. Es como una persona que el doctor le dio indicaciones que cuidara su cuerpo para que no vuelva a sufrir de gastritis, esta persona por negligencia hace lo contrario a lo que el doctor le ha dicho y, ¿qué pasará? Terminará en un cuarto de hospital por su misma necedad.

Así me pasó a mí en varias ocasiones. Hasta que un día entendí que, si yo no me cuido, ¿quién me va a cuidar? Muchas veces mi mamá me dijo en forma de lección:

> *Somos muy buenos para creer en lo malo, y somos muy malos para creer en lo bueno.*

—"Tú tienes que ver por tu vida". Y tiene razón pues si yo no me quiero, ¿cómo alguien más me va a querer? Y la Biblia dice claramente: *"Amarás a tu prójimo como a ti mismo".* (Marcos 12:31~RVR1960). La forma en cómo nosotros tratamos a nuestro cuerpo demuestra cuanto nos amamos. Yo entiendo y sé que hay cosas que son muy ricas, y es difícil evadir esas cosas. Pero, es necesario tener dominio propio en cuanto a lo que nos conviene, y a lo que no.

Cuando yo entendí que debía cuidar mi cuerpo es cuando dejé de visitar los hospitales tan seguido. Una frase que me decía mucho mi papá en esas veces de visitas a los hospitales era:

—"Sí, Dios cuida de nosotros, pero nosotros tenemos que poner nuestro granito de arena. Dios ve como tratamos nuestro cuerpo y si ve que no ponemos de nuestra parte, ¿entonces para que él nos va a sanar si no ponemos de nuestra parte para que el milagro sea completo"?

Hay ocasiones que se ora creyendo en un milagro en sanidad, por ejemplo, un milagro físico donde el cáncer, o la diabetes (diablitis), o alguna otra enfermedad desaparece. En mi caso con los problemas del corazón, yo sé que Dios hizo un milagro. Yo sé que cuando Dios hace algo, él lo hace bien; él no hace las cosas a medias. La Biblia dice: *"el ladrón no viene sino para hurtar y matar y destruir".* (Juan 10:10~RVR1960). El ladrón bien sabemos es el diablo, y siempre quiere robar lo que Dios hace, y cuando Dios hace un milagro el diablo de una u otra forma trata de robarlo. Haciéndote sentir mal, poniendo pensamientos en tu mente como: "Dios no te sanó, mira otra vez te sientes mal, mira no puedes ni caminar". Pensamientos de derrota, de esos pensamientos terminamos enfermándonos y yendo a un médico. Pues como lo pensé un día, somos muy buenos para creer en lo malo, y somos muy malos para creer en lo bueno. Y para hacer peores las cosas, confesamos muchas veces lo malo en lugar de confesar lo bueno: *"la muerte y la vida están en poder de la lengua".* (Proverbios 18:21~RVR1960).

Cuando creemos en los pensamientos del diablo y los ponemos en nuestra lengua, estornudas una vez o toses una vez y dices "ay ya me va a dar gripa", pues ya lo estas confesando.

Algo tengo presente en mi mente, que ya me lo sé de memoria y lo quiero compartir contigo.

¿De qué nos sirve ir a la iglesia si no ponemos por obra lo que aprendemos o se nos enseña? Si hay un síntoma en el cuerpo, ya confesamos mal a nuestra vida, si ya somos hijos de Dios y Cristo pagó el precio por nosotros. Isaías 53:4-5 (RVR1960) dice: *"Ciertamente llevó él nuestras enfermedades y sufrió nuestros dolores; y nosotros le tuvimos por azotado, por herido de Dios y abatido. Más él herido fue por nuestras rebeliones, molido por nuestros pecados; el castigo de nuestra paz fue sobre él y por sus llagas fuimos nosotros curados".* (Cristo sufrió para que nosotros no tengamos que sufrir. Sí, muchas veces nos vamos a enfermar y vamos a tener problemas de salud. Pero no debemos aceptarlo ni adueñarnos de ella. Frecuentemente la gente dice "mi enfermedad", porque se adueñan de ellas, en vez de creer en Dios y pelear por un milagro. En Ezequiel 22:30 (RVR1960) dice: *"Y busqué entre ellos hombre que hiciese vallado y que se pusiese en la brecha delante de mí, a favor de la tierra, para que yo no la destruyese; y no lo hallé",* es decir, alguien que pelee a favor de, ya sea a favor de tu familia, a favor de tu salud, a favor de ver un milagro.

Tomemos autoridad y declaremos un milagro como hijos de Dios y herederos de la promesa. Debemos tomar autoridad y decirle al diablo: "Tú no me vas a ganar, tú ya estás derrotado, Cristo ya te venció", ordenándole al diablo que huya, porque él no tiene parte ni suerte en tu vida. Muchos dicen: "es que no me meto con el diablo porque no quiero que él se meta conmigo". Mira, que casualidad; el diablo no juega y aunque a veces nosotros jugamos con la verdad, el diablo no. Él no se toma las cosas a la ligera. Si él te quiere destruir; lo va a intentar y es cuando tú tienes que ponerte en la brecha a favor de tu casa. Él no te va a pedir permiso si te daña o no. Él no va a esperar a que tu tires la primera flecha. Él te va a querer herir, porque no quiere que tu crezcas en las cosas de Dios. Es por eso que a él le fascina que no leas la Biblia o que ores, porque su plan es que seas un ignorante en las cosas de Dios. Pero, si en realidad crees en Dios y quieres aceptar lo que él hizo por ti en la cruz tienes que buscar su rostro, y cuando el diablo quiera dañarte estar listo para rechazar lo que sea que él te mande. Recibir el milagro no es fácil es un proceso donde crees, luchas, te desesperas, pero tu confianza está en Dios y declaras el milagro. Nunca olvides que depende de ti el milagro.

En cierta ocasión un hombre quedó varado en una isla desierta, pues este hombre sabía que Dios existe y se puso a orar diciendo lo siguiente: "Dios por favor ven y sácame de esta isla desierta, estoy náufrago y sé que tú puedes socorrerme". Al día siguiente pasó un barco pesquero y el pescador de una forma amable le dijo al náufrago: "Señor, suba a mi barco yo lo llevaré a tierra donde usted encuentre civilización y pueda comunicarse con sus seres queridos". El náufrago respondió: "No, muchas gracias, estoy esperando en Dios". El pescador se fue y el náufrago siguió ahí y oraba diciendo: "Dios gracias porque tú me sacarás de aquí". Pasó por la isla desierta un barco de la marina y el capitán le hizo la misma invitación que el pesquero. A lo que el náufrago volvió a responder de la misma manera; pasaron los días y un día los marinos mandaron un helicóptero y le lanzaron una escalera para que el náufrago subiera. Pero él volvió a responder de la misma forma que las veces anteriores. Pasaron los días y este hombre murió y llegó ante la presencia de Dios y cuestionó a Dios de la siguiente forma: "Dios yo esperé en ti y confié en que tú me sacarías de la isla desierta". A lo que Dios le respondió: "Hijo mío, te mandé dos barcos, y un helicóptero y tú te negaste a la ayuda que yo te mandé". Pongo otro ejemplo; una vez escuchaba un hombre hablar de su vida y él relataba que cuando él se vio enfermo y se preguntaba: "¿Cómo yo siendo un ministro de Dios y que oro por las multitudes y sanan, terminé en un hospital"? Pero yo me rehusaba a ir a un chequeo médico, porque pensaba que no era correcto haber visto tantos milagros y no confiar en Dios para que hiciera un milagro en mí. Pero llegó un día donde ya tuve un ataque muy fuerte y estando solo frente a una clínica, dentro de mi auto le dije a Dios desesperado: "¿Dios por qué no me sanas?" En ese momento se llenó mi auto de una gloria y escuche la voz de Dios que me dijo: "¿Y quién te dijo a ti que no te puedo sanar por medio de un médico"? ¿Qué quiero decirte con esto? A veces Dios provee de diferentes formas lo que necesitamos, pero queremos que

> *"Si Dios lo dijo, y yo lo creo, él lo hace".*

las cosas sean como nosotros queremos y no como él quiere. Él es soberano, él hará las cosas conforme a su voluntad. Si hay algo que tú le has pedido no lo dudes solo confía en él y él hará.

En el libro a los Romanos, el apóstol Pablo habla de Abraham explicando acerca de cómo Abraham creyó en Dios. Y aunque las circunstancias en las que él se encontraba eran adversas, Pablo dice: *"Y no se debilitó en la fe".* (Romanos 4:19~RVR1960). Abraham tuvo fe en que Dios haría conforme le había dicho. Un amigo una vez dijo: "Si Dios lo dijo, y yo lo creo, él lo hace". También Pablo dice: *"Y llama las cosas que no son como si fuesen".* (Romanos 4:17~RVR1960). No es en lo natural donde Dios se manifiesta, él se manifiesta en lo sobrenatural. Y como dice en Proverbios 18:21 (RVR1960): *"La muerte y la vida están en poder de la lengua".* Por tanto, declarar el milagro es estar viéndolo con los ojos de la fe, así como lo hicieron los héroes de la Biblia y varios de ellos son nombrados en el libro a los Hebreos, capítulo 11.

- Te animo a que pongas tu mirada en Dios.
- Al ver lo que él hace en ti y en los tuyos, no calles y sé testigo a los demás testificando sus maravillas.

- Confía a que el milagro sucederá en cualquier circunstancia, pues él no solo es el médico por excelencia, él es todopoderoso y para él no hay imposibles.

- Cuando ocurran circunstancias en tu vida que no entiendes, recuerda que a través de ello su Nombre será glorificado.

- Lo único que puedes tener presente en tu mente es qué hay un regalo especial para ti de parte de Dios, no desesperes y dale gracias a Dios por ello.

- A veces las cosas no pasan como pensamos, pues no sabemos por qué suceden las cosas, pero Dios sí. No te desanimes cuando te encuentres en una situación de las cuales no entiendes. Pues Dios todo lo sabe y él tiene el control.

- Siempre recibiremos noticias que no esperamos, pero que eso no sea la razón por la cual tú te desanimes y te rindas. Reconoce a Dios en todos tus caminos y espera en él.

- Una vez escuché a una predicadora de Phoenix, Arizona decir: "Dios no te promete un cuento de hadas, él te dice en su palabra": *"En el mundo tendréis aflicción; pero confiad, yo he vencido al mundo".* (Juan 16:33~RVR1960). Es verdad que tendremos aflicción, pero no estamos solos. Dios está a nuestro lado y tenemos que confiar en él, dado que él es quien tiene el control.

- Una noche entendí que Dios está presente en todo lugar, pero nosotros debemos anhelar que él se deje sentir. Cuando él se deja sentir, muchas cosas pueden pasar. Cuando el Espíritu Santo llegó al aposento alto donde había 120 reunidos, hubo una transformación en ellos, tal fue la transformación que Simón Pedro se levantó y predicó su primer mensaje y la Biblia dice que de ese mensaje como tres mil personas se añadieron según Hechos 2. Si lees más adelante cosas extraordinarias empezaron a suceder. Incluso sacaban a los enfermos y los ponían cerca de donde Pedro caminaba pues solo al tocar la sombra de Pedro los cuerpos eran sanados. No era la sombra, ni tampoco Pedro, era el Espíritu Santo sobre él. Pues cuando Dios se deja sentir suceden cosas maravillosas.

- David dijo: *"Pacientemente esperé a Jehová, Y se inclinó a mí, y oyó mi clamor. Y me hizo sacar del pozo de la desesperación, del lodo cenagoso; Puso mis pies sobre peña, y enderezó mis pasos"*. (Salmos 40:1-2~RVR1960). ¿Cómo esperó con paciencia si él estaba desesperado? La Biblia dice: *"la prueba de nuestra fe produce paciencia"*. (Santiago 1:3~RVR1960). En las pruebas Dios te dará paciencia y aprenderás a esperar en él.

- Mira a tu alrededor y contempla aquello que recibes a veces hasta sin esperarlo, y te darás cuenta de que Dios está en el asunto. Pues ahí sabrás qué hay muchos motivos para alabar a Dios por sobre todas las cosas.

"No moriré, sino que viviré, Y contaré las obras de JAH".
(Salmos 118:17~RVR1960). Siempre en mi mente, corazón y mis labios habrá palabras que hablen de las obras de Jehová. La obra más grande de Dios es que él, por amor a cada uno de nosotros, entregó a su hijo para salvarnos de una muerte eterna, y darnos vida eterna. La obra más grande que en mi opinión que Dios ha hecho es que me rescató, y a ti también te puede rescatar: *"Porque la paga del pecado es muerte, más la dádiva de Dios es vida eterna en Cristo Jesús Señor nuestro".* (Romanos 6:23~RVR1960). El precio ya fue pagado por ti. Para mí esa es la obra más grande y por lo que estoy más agradecido es que él me salvó.

Doy gracias a Dios por permitirme compartir mi historia contigo. Te doy a ti las gracias por leer lo qué salió de mi corazón. Pues en este libro abrí mi corazón y compartí contigo las maravillas que Dios ha hecho a través de los años. Si tú te atreves a hablar con Dios *a corazón abierto*, experimentarás de su gran amor y su gran poder de muchas maneras.

Yo creo que Dios ha puesto un deseo en tu corazón desde que empezaste a leer hasta este momento donde algo está sucediendo en tu interior. Y como dijo Elíseo en 2 Reyes 6:20 (RVR1960): *"abre los ojos de estos"*, así le pido a Dios que abra tus ojos. No te olvides como lo dije en el primer capítulo de este libro: *"Puestos los ojos en Jesús".* (Hebreos 12:2~RVR1960). Te bendigo y recuerda, él es el Dios de lo imposible, él te ama, y espera por ti.

15
Conclusión

L o más importante no es Caleb o su historia. Lo más importante es quien es el autor de la historia, pues como lo mencioné en el principio en la introducción: *"Tus Ojos vieron mi cuerpo en formación; todo eso estaba escrito en tu libro. Habías señalado los días de mi vida cuando aún no existía ninguno de ellos".* (Salmos 139:16~DHH); Dios es el autor y consumador. Entiendo que a veces como seres humanos nos queremos sentir bien, ya sea física, espiritual, o mentalmente y tener paz. Este mundo te ofrece una paz momentánea que dura quizás horas, días o semanas, pero llega el momento donde esa paz se acaba, esa felicidad se esfuma y es donde vienen los sentimientos de soledad, impaciencia, lloro, etc., etc. Hay una paz que no es momentánea y no disminuye, y es la paz de la que habla Jesús, el Hijo de Dios, en Juan 14:27 (RVR1960): *"La paz os dejo, mi paz os doy; yo no os la doy como el mundo la da. No se turbe vuestro corazón, ni tenga miedo",* y esto quiero dejar claro en tu mente y corazón, Dios no te da paz como este mundo la da. Dios no te ofrece algo que sea una mentira y lo dije anteriormente. La Biblia dice en Juan 16:33 (RVR1960): *"Estas cosas os he hablado para que en mi tengáis paz. En el mundo tendréis aflicción; pero confiad, yo he vencido al mundo".*

Romanos 8:37 (RVR1960) nos dice: *"Antes, en todas estas cosas somos más que vencedores por medio de aquel que nos amó".*

Filipenses 4:7 (RVR1960): *"Y la paz de Dios, que sobrepasa todo entendimiento, guardará vuestros corazones y vuestros pensamientos en Cristo Jesús".*

Sé y entiendo que en este mundo no es fácil vivir, pero como dice Romanos 8:37 (RVR1960): *"Somos más que vencedores por medio de aquel que nos amó", ¿y quién es el que nos amó? Dios, dice Jeremías 31:3: "Jehová se manifestó a mi hace ya mucho tiempo, diciendo: Con amor eterno te he amado, por tanto, te prolongue mi misericordia".*

De nada sirve recibir un milagro de sanidad y perder la oportunidad de conocerlo a él. Una y otra vez le he dicho a Dios, "te prefiero a ti". Pues de nada me serviría haber quedado completamente sano de mi cuerpo, pero perderme. Pues entendí que es más importante la vida eterna que una vida temporal libre de enfermedad.

Hay ocasiones cuando anhelamos que todo aquí en la tierra esté bien, pero ¿qué de la vida eterna? Te haré la siguiente pregunta:

—Si murieras esta noche, ¿adónde va tu alma? Es decir, ¿adónde pasarás la eternidad?

—La realidad es que yo no tengo miedo si muero esta noche, porque estoy seguro de que cuando mis ojos se vuelvan a abrir, estaré frente a Jesucristo allá en los cielos.

—Bueno Caleb, eso es lo correcto y me alegra que estés convencido de tu salvación, pero no creo que sea el tiempo en el que Dios quiera llevarte.

Espero estas palabras hagan un estruendo en tus cinco sentidos, en tu mente, alma, y cuerpo. Pues si esta noche te tocara cruzar la línea de la eternidad, ¿adónde irías? Solo hay dos caminos. Juan 14:6 (RVR1960) dice: *"Jesús le dijo: Yo soy el camino, y la verdad y la vida; nadie viene al Padre, sino por mí".* Todos somos pecadores, pero al igual que todos somos pecadores también todos tenemos la misma oportunidad de ser perdonados y ser llamados hijos de Dios. *"¹²Mas a todos los que le recibieron, a los que creen en su nombre, les dio potestad de ser hechos hijos de Dios".* (Juan 1:12~RVR1960). En 1 Juan 1:9 (RVR1960) dice: *"Si confesamos nuestros pecados, él es fiel y justo para perdonar nuestros pecados, y limpiarnos de toda maldad".* Tal vez pienses o digas, "yo he cometido muchos pecados que Dios no me puede perdonar". Sabes Dios está dispuesto a perdonarte si abres tu corazón y le pides perdón. Salmos 51:17 (RVR1960) dice: *"Al corazón contrito y humillado no despreciaras tú, oh Dios".* Posiblemente ya tengas conocimiento de las cosas de Dios. o ya eres un hijo de Dios. pero si tú sientes la necesidad de abrir tu corazón a Dios, entregarte a él y pedirle perdón, repite las siguientes palabras conmigo.

"Dios gracias por haberme cuidado hasta este momento. Quizás nunca te he conocido, pero anhelo conocerte. Dios te pido perdón por todos mis pecados, me humillo delante de ti, reconozco que tú eres todo y te necesito, te entrego mi vida, escribe hoy mi nombre en el *Libro de la vida*. De hoy en adelante quiero vivir para ti. Gracias por mi salvación, por perdonarme y limpiarme de todos mis pecados con la poderosa sangre de Jesús, y por darme la vida eterna. Amén".

Si has hecho esta oración por primera vez o si te reconciliaste con Dios, te felicito. Queremos saber de ti. Por favor escríbenos a acorazonabierto92@gmail.com.

"Estando persuadido de esto, que el que comenzó en vosotros la buena obra, la perfeccionará hasta el día de Jesucristo." (Filipenses 1:6~RVR1960). La historia continua. Pues esto es apenas la primera parte de lo que Dios está haciendo.

Llegó el día donde la ciencia se preguntó una y otra vez, ¿cómo es posible? Y, yo con lágrimas en los ojos pude decir: "Dios lo prometió... Si Dios lo dijo, yo lo creo. Y si yo lo creo, Él lo hace".

Printed in the United States
By Bookmasters